JN074682

高山先生の**若手スタッフシリーズ**【スピンオフ編】

個人事業と法人 どっちがいいか考えてみた

税理士 高山 弥生 著

税務研究会出版局

はじめに

　昭和から平成、令和と移り変わる中、働き方も多様化し、雇われない働き方を選択する人も随分と増えました。独立開業すると、それまでは会社がやってくれていた税金の計算を自分ですることになります。なぜ、独立開業すると税金の計算と申告という負担を負うのでしょうか？

　日本では、申告納税制度が採用されています。納税者自らが、税務署へ所得の申告を行うことにより税額を確定させ、この確定した税額を納税者が自ら納付する制度です。サラリーマンの税金の計算・納税を会社がしてくれるのは徴税の利便性のための例外であり、日本の制度では国民一人一人が確定申告することが原則なのです。

　原則に立ち返っただけとはいえ、今まで年末調整くらいしか意識する機会のなかった税金ですから、とまどうことも多いでしょう。自分で計算して納付してみると、お給料から天引きされていた時と比べ、ずいぶん高く感じます。そこでふと思いつくのが「法人成り」です。

　この法人成りですが、いつ、どんな状態になった時にするのが一番トクなのか、巷にはいろんな説が流れています。売上がいくらになったらとか、所得（利益）がいくらになったらとか、はたまた開業して何年目とか……。

　本書は、税理士の梅沢さんに小林さんという美容師が独立開業して美容院を開きたいと相談を持ち掛けるところから始まり、開業するにあたって生じる様々な問題を二人三脚で乗り越えるストーリーとなっています。物語を読む感覚で、「法人・個人事業主のメリット・デメリット」「いつ、どんな状態のときに法人成りすべきか」「開業のための資金調達」「法人を作るにあたって考えるべきこと」「人を雇うときに注意すべきこと」や「節税」などの知識が得られるようになっています。

　これから独立開業をしたいと考えている方や、すでに現在個人事業主で、法人成りを考えている方がお読みになることで、将来のビジョンをよりハッキリと持つことができるようになりますし、税理士事務所でまだ開

業支援をしたことがないスタッフにとっては、将来、開業支援するにあたって参考になる内容となっています。

　今回も執筆にあたりたくさんの方にご支援いただきました。
　本書の企画に全面的なサポートをしていただいた税務研究会の中村隆広様、加島太郎様、田中真裕美様、企画の段階から相談に乗っていただいた税理士の花島恵様、社会保険労務士・行政書士の徳永潤子様、可愛いイラストを描いてくださったイラストレーターの夏乃まつり様、アドバイスをいただいた税理士の吉羽恵介様、税理士の渡邊義道様、税理士の山中朋文様、お忙しい中ありがとうございました。
　また、特別出演していただいた司法書士・行政書士の醍醐香様、社会保険労務士の安中繁様、複数回にわたる内容のチェックを快くお引き受けくださり、本当にありがとうございました。
　尊敬する税理士のひとりであり、夫である村田顕吉朗、常日頃のあなたのサポートのおかげで今回も書き上げることができました。いつもありがとう。

　この本が、読んでくださった皆様の幸せな独立開業ライフの一助となりますように。

　令和 3 年 8 月

税理士　高山　弥生

キャラクター紹介

梅沢 みきひさ

45歳。
税理士になって
15年以上の
ベテラン税理士。

小林 瞬

35歳。
美容師。

井口 隆之

Concertoのオーナーシェフ。

醍醐 香

安中 繁

司法書士・行政書士。
企業法務から相続まで
幅広く対応可能。
安中社労士と同様、梅沢税理士の
大切な士業ネットワークの一人。

特定社会保険労務士。
労使紛争、人事制度に強く、
梅沢税理士にとって
頼れる士業ネットワークの一人。

目次

本書は、令和 3 年 8 月 10 日現在の法令に基づいています。
また、文中の意見部分は私見が含まれます。

第1章

税金よりも
社会保険が重量級

税理士の梅沢さんはいつもの美容院にヘアカットへ。担当の小林さんとはもう5年以上のお付き合いになります。小林さんは梅沢さんの来店を心待ちにしていた様子。今日は何やらお話があるようです。

1│法人にしたいのはなぜ？

独立したい！

梅沢税理士

こんにちは〜。予約していた梅沢です。

小林

こんにちは！　いつもありがとうございます！　こちらにおかけください。……ちょうどよかった、お話ししたいことがあって。

あら、なんでしょう？

梅沢さん、僕、独立したいです！

おお、とうとう決心しましたか。

そうなんですよ。僕の理想とするサロンを作りたいんです。

ここは理想じゃないと？

しぃーっ。それ言われると痛いですね（笑）。この職場、嫌いじゃないんですけど、あまりにも忙しくて体力勝負すぎて。家庭を持って40歳、50歳になっても働いているイメージが持てないんですよ。

なるほど。

もう少し単価を上げて、お客さんのニーズを引き出す時間をしっかり取って、スタッフの育成にも力を入れたいんですよね。起きている時間を全てお店に捧げるような働き方じゃなくて、公私のバランスの取れた働き方ができて、スタッフも長く勤められるような。

やりたい、と思ったときが始め時ですよ。いいんじゃないですか？

はい、やってみようと思います。

いきなり話の腰を折るようで恐縮ですけど、開業までは順調に行っても6か月以上かかりますから、ここ、すぐにやめちゃダメですよ。

6か月？　そんなにかかるんですか？

だって、事業計画作って、店舗探して、融資申し込んで。内装とか考えて。やることいろいろありますから。

そうなんですね。よかった、オーナーに独立の意向は伝えてありますけど、いつ辞めたいって言ってないです。

店舗が見つかったらある程度ハッキリすると思いますよ。前から独立を考えているとはおっしゃってましたけど、とうとうですね。

会社？　法人？　個人事業主？　企業？

 独立するとなったら、会社ですかね？

いきなり直球できましたね。じゃあ逆に質問しますけど、どうして会社で、って思いました？

 なんとなく会社の方がカッコいいし、税金面では会社の方が有利って聞くんで。

確かに法人の方がイメージはいいですよね。新型コロナウイルス感染症のときの持続化給付金だって法人は個人事業主の2倍でしたし。

 あの時は、独立してやってる知り合いが会社にしとけばよかった、って言ってましたよ。あの金額の差って何が根拠なんですかね？

個人事業主は基本的に小規模だと考えてのことでしょうね。いろんな企業を見せてもらってるこっちとしては、法人の形態を取っていても個人事業主と変わらないようなところもあるのになあって思いますよ。

……法人？ 個人事業主ってなんですか？

今、小林さんはサラリーマンですけど、退職して独立した後の働き方のことですよ。

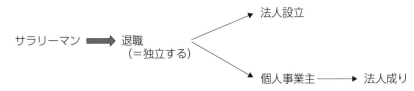

法人って、「株式会社」とか「有限会社」のことですよね？

そうです。そういう「○○会社」を作って仕事をしている場合を「法人」、いない場合を「個人事業主」と呼んでいます。「法人」も「個人事業主」も両方含むときは「企業」なんて言いますね。

会社って言わないんですか？

こういう話をするときは「会社」というより「法人」と表現することが多いんです。個人事業主でも、自分の仕事場を「会社」と呼んだりすることがありますしね。

「法人」かあ。「法人成り」とか聞いたことありますね。

その「法人」ですよ。個人事業主として仕事をしていた方が法人を設立した場合「法人成り」と表現します。

フリーランスとは？

もやもやしていたのがやっとわかった気がする。ついでに教えて欲しいんですけど、お客さんで「フリー」で仕事してるっていう人がいるんですけど、個人事業主ってことですかね？

おそらく「フリー」は「フリーランス」の略だと思うのですが、サラリーマンではない働き方をしているという意味でおっしゃっていると思います。

ということは個人事業主なんだ。

ひとり会社の社長ということもあるかもしれません。

ひとり会社？

法人設立をしていて、社長が営業マンであり経理担当である従業員のいない小さい会社のことです。

法人でもフリーランスって呼ぶんですか？

例えばフリーアナウンサーっていますけど、個人事業主としてやっている方もいれば、法人を設立してその法人の社長としてお仕事を受注している方もいます。アナウンサーの場合、完全なフリーランスでなく、人材派遣事務所や芸能事務所などに所属している人もフリーアナウンサーと呼ぶみたいですけど。

フリーランスって、個人事業主か法人かという枠で語るのはちょっと違うんだ。

そうですね。アナウンサーがテレビ局に雇用されていればサラリーマンだし、テレビ局から外注で仕事をもらうならフリーランス。

僕が独立しても、「フリーランス」とは呼ばれないんですね。

店舗ビジネス系の方は「個人事業主」と呼ばれることが多いと思います。内閣官房、公正取引委員会、中小企業庁、厚生労働省が出しているガイドラインではフリーランスの定義はこうなっています。

フリーランスとは

　実店舗がなく、雇人もいない自営業主や一人社長であって、自身の経験や知識、スキルを活用して収入を得る者

（「フリーランスとして安心して働ける環境を整備するためのガイドライン」より）

「フリーランス」の語源は中世の君主を持たない騎士だそうです。金次第では今日と明日の雇い主が変わる、いわゆる傭兵です。フリーランスはライターとか SE、編集者あたりの、外注でお仕事をもらっている方をイメージしていただけるといいかと。

「フリーランス」って簡単に口にしていたけれど、奥が深いんですね。……話を戻して、僕はここを辞めて独立した後は、「法人」を設立して仕事をしたいんですよ。

そうなんですね。給付金と同様、税金面でも法人が有利なのは否定しませんが、闇雲に法人にしたって損しちゃいますよ。

どうなったら法人にすれば損しませんか？　売上が1,000万円超えたら？

2 | 独立した後の税金

売上ではなく利益が大事

それは消費税が課税されるという話。消費税は傍論ですね、法人成りの時期に影響を与えはしますが、法人成りが有利かどうかを考えるときは先に**所得**を考えないと。

所得？

税金の世界では利益を所得っていうんです。ほぼ同義で考えてください。売上が1,000万円あっても経費が1,000万円あったら利益も税金も0円ですから、売上より利益が大事。

そりゃそうですね。

小林さんは今、面貸し？　直で雇用？

雇用ですね、お給料もらってます。

面貸し……美容室のセット面を間借りして、店のオーナーと売上に応じた歩合報酬による請負契約を結ぶ。雇用ではなく外注扱いとなる。

独立して個人事業主になると税金は高くなる

小林さんが独立して**個人事業主になったとして**、利益が500万円だとすると、今までの所得税と住民税に加えて事業税も納めることになって、税金はトータルで100万超え。でも、この500万円をお給料としてもらっている今は50万円程度なんですよね。

	個人事業主	サラリーマン（給料）
売上	15,000,000	
経費	△10,000,000	
事業所得／給料（額面）	5,000,000	5,000,000
給与所得控除	−	△1,440,000
基礎控除	△480,000	△480,000
課税所得金額	4,520,000	3,080,000
所得税[1]	486,500	214,900
住民税[2]	459,500	315,500
事業税[3]	105,000	0
税負担合計	1,051,000	530,400

※1　復興特別所得税を含む
※2　住民税は基礎控除43万円、調整控除額2,500円、均等割5,000円として計算
※3　（500万円−290万円）× 5%（美容業の税率）=105,000円

給与所得控除額

給与等の収入金額 （給与所得の源泉徴収票の支払金額）		給与所得控除額
	1,625,000円まで	550,000円
1,625,001円から	1,800,000円まで	収入金額×40%−100,000円
1,800,001円から	3,600,000円まで	収入金額×30%+80,000円
3,600,001円から	6,600,000円まで	収入金額×20%+440,000円
6,600,001円から	8,500,000円まで	収入金額×10%+1,100,000円
8,500,001円以上		1,950,000円（上限）

所得税の速算表

課税される所得金額	税率	控除額
1,000 円から 1,949,000 円まで	5%	0 円
1,950,000 円から 3,299,000 円まで	10%	97,500 円
3,300,000 円から 6,949,000 円まで	20%	427,500 円
6,950,000 円から 8,999,000 円まで	23%	636,000 円
9,000,000 円から 17,999,000 円まで	33%	1,536,000 円
18,000,000 円から 39,999,000 円まで	40%	2,796,000 円
40,000,000 円以上	45%	4,796,000 円

独立して自分でやるのと給料と、そんなに違うんですか！しかもなんですか？　事業税って。

事業をしている人にかかるんですよ。場所代みたいなものです。利益が 290 万円を超えるとかかります。いくつか非課税の業種もありますけど、美容院は課税です（第11 章参照）。

マジですか　税金って、所得税だけじゃないんですね。

サラリーマンだと所得税と住民税くらいですが、個人事業主となるとそこに**事業税**、**消費税**、備品とか一定額以上の償却資産を持っていれば**固定資産税**ときますからね。税金じゃないけど**国民健康保険（国保）**や**国民年金**も払わなきゃですし。

┌─ **独立すると払うことになる税金 etc.** ─
　所得税・住民税・消費税・事業税・固定資産税（償却資産）
　・国民健康保険・国民年金保険料

法人にするのは「給与所得控除」が欲しいから

なんだか納得いかないですよ、個人でやるのとサラリーマンなのとで、どうしてそんなに税金の額が変わるんですか？　シミュレーションの、給料のところだけにある「給与所得控除△144万円」ってなんですか？　そのせいですよね、給料の方が税金少ないのは。

サラリーマンは会社が年末調整で税金の計算をしてくれますよね？　その時、経費のレシートとか提出してますか？

してないです。

サラリーマンだって、仕事のために自費でスーツや本を買ったりしますけど、それをいちいち人事部や総務部が計算してたら年末調整が終わらないので、サラリーマンは年収がいくらならあなたの経費はいくらです、ってあらかじめ決められてるんですよ。これが給与所得控除。

確かにレシート集めたことないです。サラリーマンの税金計算ってずいぶんとザックリなんですね。

それは徴税の利便性のためですね。本当は国民一人一人が自分で確定申告をして納税するのが原則なんですよ。年末調整が例外なんです。

自分で確定申告が原則？

ええ。でも、それをやったら税務署がパンクしてしまいます。なのでサラリーマンの確定申告は会社で年末調整をして確定申告不要としているんですよ。

 年末調整が普通だと思ってた。

日本はサラリーマンが多いですからね。でも、多いからこそ年末調整の手間を省いてあげないと暴動が起こりますよ。それだって現状、年末調整は会社にとって負担ですもん。

 それで、年収500万円の人は給与所得控除が144万円認められる、と。かなり大きいですよね。サラリーマンって本当にこれだけ経費がかかるのかな。

おそらくかからないですよね。

 ですよね。なんか、これから独立する身としてはズルく感じますよ。

そこで法人を作って、事業主体を法人にすり替えるんです。事業の売上は法人の売上、事業の経費は法人の経費。社長は法人からお給料をもらうという形にするんですよ。

| | 個人事業主 | [法人にした場合] | |
		法人	社長（給料）
売上	15,000,000	15,000,000	
経費	△10,000,000	△10,000,000	
事業所得／給料（額面）	5,000,000	△5,000,000	➡ 5,000,000
給与所得控除	−	−	△1,440,000
基礎控除	△480,000	−	△480,000
課税所得金額	4,520,000	0	3,080,000
所得税	486,500	−	214,900
住民税	459,500	−	315,500
事業税	105,000	−	0
法人税等	−	70,000	−
税負担合計	1,051,000	※ 70,000	530,400

※　法人は赤字でも住民税の均等割が発生します。

個人事業主の税負担は105万円ですが、法人にした場合は法人と社長を合計すると60万円。45万円変わります。

法人にしてお給料をもらえば、社長には事業の経費の上にさらに給与所得控除という経費が増えるわけですね！45万円も税金が減るなんて法人がいいっていうの、わかりますね！

サラリーマンは税金面で優遇されているってホント？

　文中でも梅沢さんが説明しているように、サラリーマンの場合、実際にいくら支出したかどうかにかかわらず、年収がいくらの場合、経費はいくらとあらかじめ決められています。サラリーマンが非常に優遇されているように見えますが、そうでもないのです。

　個人事業主は自分で自分の税金を計算して納税しますから、収入をごまかしたり、家事費を経費に潜り込ませることもできてしまいます。「トーゴーサンピン」などという言葉を聞いたことがないでしょうか。

　トーゴーサンピンは、サラリーマンは所得を10割捕捉されているが、自営業者5割、農林水産業者3割、政治家1割の捕捉にとどまっているという意味です。「クロヨン（サラリーマン9割、自営業者6割、農林水産業4割）」と言うこともあります。

　この言葉が生まれたのは1960年代後半のことです。税務署の調査能力は侮れませんし、今は国民の納税意識が高まったこともあり、ここまでの乖離はないと思われますが、個人事業主が自分で自分の税金を計算するということにおいては、やはり恣意性が排除しきれない部分はあるでしょう。

3 | 社会保険を忘れちゃいけない

社会保険料って高い！

でも、これだけで意思決定をしちゃまずいんですよ。第二の税金ともいえる社会保険（社保）も入れて考えないと。

社会保険、高いですよね。絶対こんなに病院かかってないのに。

社会保険は健康保険だけじゃなくて厚生年金も入ってますしね。会社と従業員とで約15％ずつ負担していますが、自分で法人設立だとそれを全部自分の利益で負担するわけですからこんな感じになります。

	個人事業主	社長（給料）
事業所得／給料（額面）	5,000,000	5,000,000
給与所得控除	－	△1,440,000
国保※1／社会保険料※2 ●	△484,100	△691,260
国民年金保険料●	△199,320	－
基礎控除	△480,000	△480,000
課税所得金額	3,836,000	2,388,000
所得税※3 ●	346,800	144,200
住民税●	391,000	246,300
事業税●	105,000	－
会社負担社会保険料●	－	691,260
●税負担＋社保合計	1,526,220	1,773,020

※1　国保はさいたま市シミュレーションより。1,000円未満切捨て。
※2　社会保険料は会社負担15％＋個人負担15％＝30％として計算
※3　復興特別所得税を含む

個人事業主だと国保＋国民年金で 683,420 円だけど、法人は社長負担と会社負担の社会保険料を合わせると 1,382,520 円にもなるのか。

税負担は 45 万円減っても、社会保険の負担が 70 万円近く増えてしまうんですよ。

個人事業主は社会保険に加入できない

法人の場合、社保加入は義務なんです。個人事業主の場合、個人事業主自身の社保加入はそもそもできないし、従業員が 5 人未満なら従業員も社会保険に加入しなくて大丈夫なんですけど。

法人にしたら支出が増えるのか……なんか、法人って税金安くなるって聞いてたんですけど、社保で負担増は知らなかったなあ。

社会保険はデメリットだけではない

厚生年金の受取額は国民年金より大きいし、社保加入者に万が一のことがあった場合、配偶者は再婚しない限り**遺族年金**がもらえる（子のない 30 歳未満の妻の場合、5 年の有期給付）から、メリットもあるんですよ。

家族のことを考えると社保っていいですね。

ご自身のこともメリットがありますよ。被保険者が病気やケガで会社を休んでしまいお給料が出ない場合に**傷病手当金**がもらえますし、女性なら**出産手当金**がもらえます。

 高いけど、メリットもある、か。

傷病手当金なんて、守られている会社員より自分ひとりでやってる個人事業主の方がよっぽど必要だと思うんですけどね。

 独立しても傷病手当金欲しいです。法人を設立すれば社長も社保に入れるのか……でも負担が大きいな

やっぱり法人は魅力的

社保が高くたってやり方次第で法人が有利にはなるんですけどね。今、個人で支払っているものを、会社の経費にできますし。生命保険とか家賃とか。

 家賃？

社宅にしちゃうんですよ。賃料は会社負担にするんです。

 できるんですか？

できますよ。

……もっと話を聞きたいけれど、カット終わっちゃいました。

 今日、この後ご予定は？　よかったらちょっと行きますか？

 いいですね！

第1章　小林さんのまとめメモ
- 法人にすると所得税・住民税は減る
- 社会保険は高い！
- 社会保険は国民健康保険＋国民年金より負担増だがメリットもある

第2章

法人のメリット

ヘアカットの時間だけでは足りなくて、夜待ち合せて
飲みにきたのはイタリアンのお店、Concerto さん
です。ここは手打ち生パスタが絶品。ソムリエールも
優秀で美味しいワインがそろっています。カウンター
席はオーナーシェフとおしゃべりしながら飲めるのが
楽しく、人気があります。

1│自宅を社宅にできる

社宅ってこんなにおトク

 カットのときの続きを聞かせてください。家賃が経費にできるってめっちゃいいですよね。

住む人も一定額を負担しないとお給料として見られてしまって所得税がかかるので、全額会社持ち、というわけにはいかないですけどね。

 いくら家賃を負担すればいいんですか？

借りる部屋の面積とかで違ってくるんですけど、借りる部屋は100㎡とか超えます？

 いやいや、そんな広いところ、家賃がいくらになるかわからないです、ムリムリ。

そうすると、この計算式。社宅を貸与する場合は、1か月当たり一定額の家賃、これを「賃貸料相当額」っていうんですけど、この額を負担していれば、給与として課税されないんです。

賃貸料相当額＝次の(1)から(3)までの合計額

(1) （その年度の建物の固定資産税の課税標準額）× 0.2％

(2) 12円×（その建物の総床面積（㎡）／（3.3㎡））

(3) （その年度の敷地の固定資産税の課税標準額）× 0.22％

社長とか、経営に携わる役員はこの金額、従業員はこの金額の半分を負担してもらえれば。

高いのか、安いのかサッパリわからないんですけど

その社宅のある土地の固定資産税課税標準額が田舎なら低くなるし都会なら高くなる傾向はありますけど、住む人が負担する額は実際の家賃の3割いかないと思いますよ。

え、そんなに安いんですか！　絶対社宅にしたいです！

社宅の注意点

そうすると法人設立しないと。社宅で気を付けたいところは、必ず会社で賃貸契約をすること、固定資産税課税標準額を調べること。

どこでわかるんですか？　その固定資産税なんちゃらってやつ。

役所に賃貸契約書と身分証明書を持って行って、固定資産課税台帳の閲覧申請をすればわかりますよ。

あとは、敷金や礼金を会社が負担するので資金繰りを圧迫する可能性があること、契約などの事務負担の増加、社会保険料もちょっと増える、といった点がありますかね。

敷金、礼金は会社持ちなんですね。

会社の建物に住まわせるか、会社が借りている物件に住まわせるのが社宅ですから。あと、社宅は福利厚生制度だからきちんと社内ルールを作成して、条件に当てはまる役員・従業員であれば全員使えるようにしないといけないんですけど。

 え、従業員全員が使えるようにしなきゃいけないのか。

社内ルールですから。うまく制度設計していただければ……ごにょごにょ。

2 │ 生命保険

生命保険が経費になる

法人のメリットはまだありますよ。年末調整で生命保険料の控除証明書を提出しますが、あれで少し税金が減るのは知ってます？

 はい。いくら減っているのかは知らないですけど。

たとえ 100 万円保険料を支払っていても控除できるのは最高 12 万円。12 万円にその人の税率をかけた額、所得税は減っています。

 税率が 20％なら 2 万 4,000 円てとこですね。

これが、法人で生命保険に加入すると、契約内容によりますが、全額とか6割とか保険料が経費になっちゃうんですよ。法人税法上は損金っていうんですけど、経費とほぼ同義なので経費でいきますね。

保険料が100万円だったら100万円経費が増えるってこと？

そう。法人税率は事業税とかもろもろ合わせて中小企業だとだいたい25％程度だから、100万円保険料を払えば25万円税負担は軽くなるんですよ。

じゃあ、生命保険は法人で入ったほうがいいな……でも、生命保険に法人が加入するって、なんだか変な感じがして。法人に生命保険なんていらないんじゃないかと思うんですけど。

保険契約者が法人で、被保険者は社長とか生身の人間ですよ。

被保険者？

被保険者は、その人に万が一のことがあったら保険金が下りますよ、と保険の対象になっている人です。なので、被保険者が社長なら社長に何かあったら会社に保険金が支払われます。保険契約者は保険料を支払う人くらいに考えてください。

なるほど。でもそれっていいんですか？

もちろん。法人が保険に加入する理由はちゃんとありますよ。事業を立ち上げて借金したところで社長に万が一のことがあったら？　事業をクローズするにしろ、誰かに譲渡するにしろ、ケリがつくまでの間も発生し続けるコストを保険金でカバーするんです。

 なるほど。社長に「万が一」があった場合のリスクに備えるのか。……あれ、でも、会社の保険で僕に何かあったときに、僕の家族が受け取れるんですか？

会社に入金になった保険金を死亡退職金としてご家族が受け取ればいいんですよ。

生命保険で退職金を準備できる

会社のリスクに備えつつ、退職金準備ができるって人気なのが「長期平準定期保険」。

 チョウキヘイジュン……？

何十年って長期間、同じ保険料なのでこんな名前なんですよ。**満期前に解約すれば解約返戻金があるんです。**もちろん、満期前に万が一のことがあれば保険金が下りるし。

 解約するとお金が戻ってくるんですね。

満期前に解約すればですね。返戻金ピーク時に退職時期がくるように設計して、退職するときに解約して返戻金を退職金に充てるんです。保険料を一部経費としながら退職金を準備できるから人気なんです。

自分の退職金が準備できるんですね！　この業界、退職金がないのが当たり前で……自分の退職金が準備できるのは嬉しいですね。

実際には返戻金ピーク時を退職時期に合わせるのが難しいんですけどね。

どうしてですか？

今は65歳でやめたいなとか考えていても、その時になって後継者が見つからないとか、もっとやりたいとか。

あはは、あり得ますね。

長期平準定期保険のイメージ図

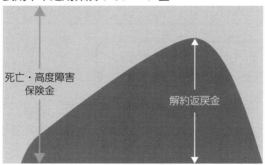

死亡・高度障害保険金

解約返戻金

契約　　　　　　保険料払込期間　　　　　満了

個人事業主だと自分の退職金準備のために保険に加入しても必要経費にならないし、最高 12 万円の所得控除が関の山ですが、法人なら保険料が経費になりますから、これは法人のメリットですよね。

3 ｜扶養家族に給料が払える

仕事を手伝ってくれる家族に給料が払える

家賃も生命保険も、個人事業主だったら経費にならないのに法人だとなるんですね。

家族へ給料を払う場合もそうですよ。個人事業主だと原則は家族にお給料を払っても経費として認められないんです。

お給料払えないんですか？

家族だと、要件がいろいろあるんです。個人事業主の仕事のみに従事していて、それを税務署に届け出ていて、給与額が適正なら払ったお給料を経費にできます。

払うことはできるんですね。

要件を満たせばですよ。個人事業主の仕事のみに従事しているとか要件をクリアしないとダメ。それに、1 円でもお給料を払ってしまうと今度は個人事業主の扶養に入れないんですよ。

扶養って？

所得の高い人が所得の低い人の経済的支援をすることです。「夫が妻を扶養する」「妻が夫に扶養される」って表現しますでしょ。今は逆もあるようですが。税金の世界だと、扶養する人がいると税負担が軽くなります。

夫が妻を扶養している場合、夫の税負担が軽くなる、ってことですね。

ええ。ですが、夫が個人事業主の場合、妻に1円でもお給料を支払うと、この税負担の軽減がなくなってしまいます。

個人事業主の妻は、事業を手伝うと扶養に入れないんだ！

妻だけじゃなく家族もです。個人事業主の家族が他の会社で働いているなら、その額が扶養に入れる範囲内であれば扶養に入ることは可能ですが、個人事業主の事業からお給料を出すとなると額の大小にかかわらず扶養には入れないんです。

厳しいですね。

これが、法人なら他の会社で働いていても家族に払ったお給料はちゃんと経費になります。家族がもらっているお給料が扶養に入れる範囲内の額なら扶養に入れるし。

昼間の学生の子どもにもお給料が払える

子どもが大きくなって学生になったときに、ちょっと仕事を手伝わせたからお給料を払ってもいいかと質問を受けることもありますけど、昼間の学校の学生に個人事業主がお給料を払っても経費にならないんです。

本当に仕事を手伝ってもらっても？

「昼間の学生」がメインの仕事でしょ？　って見られてしまうんです。個人事業主が家族にお給料を出す場合は、他に仕事をしていないというのが前提なのでダメなんです。

法人は？

ちゃんと仕事してもらった対価として、が前提ですけど、法人なら子どものバイト代も経費 OK。

子どものバイト代も法人だと OK なんだ。

4 ｜福利厚生制度を社長にも

出張のある会社なら日当を払おう

法人の節税……あとは旅費規程を作成して日当を支払う、とか。

 日当？

出張手当のことです。業務で旅行に行くと、交通費、宿泊費、食事代なんかがかかるけど、それをいちいち精算せずにまるっと支払ってしまおう、というのが旅費日当です。例えば5,000円支給されて実際は4,000円しかかからなくても従業員は返金する必要がないってヤツです。

交通費、宿泊代は実費精算して、別に日当を支給するパターンもありますね。

 出張は美容業界だとあんまりないかな。

「旅行」というとちょっとおおげさに感じちゃいますね。出張は「本来の就労場所以外の場所で就労するために出向くこと」と考えてください。外部研修を受けるときとかも該当するんですよ。

 仕事をしているのは同じなのに場所が違うともらえる。なんで日当ってもらえるんですか？

福利厚生ですよ。出張先では食事をすることもあります
し、ちょっとした生活用品を購入することもあります。
出張することで支出することになった部分を日当でカ
バーすることで出張に対する負担をやわらげる効果があ
ります。

 なるほど。

これも、法人なら社長ももらえますが、個人事業主自体
に日当は認められないんです。個人事業主がスタッフに
支給するのは問題ありません。

 個人事業主はダメだけど法人成りすれば社長自身がもら
えるんだ！　法人っていいですね。

法人成りすると旅費日当の支給を検討する会社は多いで
すよ。必ず旅費規程を作ることと、支給額には気を付け
ていただきたいですけど。

 いくらくらいならいいんですか？

おかしいと思われない一般的な額なら大丈夫です。

 一般的な額？

そう、何が一般的な額かが困るので、「国家公務員等の旅
費に関する法律」という法律で国家公務員の旅費日当の
金額が定められているので、これを参考に旅費規程を作
成することを僕はおススメしてます。

健康診断費用が経費になる

会社に勤めていると健康診断って受けさせられるじゃないですか。あれは労働安全衛生法に年に1回従業員に健康診断を受けさせる義務があるからなんです。

法人であればスタッフ、社長の健康診断の費用も経費になりますが、個人事業主の場合、スタッフ分はOKですが個人事業主の分は経費にならないんです。

 え！　それひどくないですか？

事業を営んでいなくても健康診断って受けるじゃないですか。だから経費にはならない。スタッフの健康診断は法律で義務づけられているので経費性が主張できるし、スタッフと同じ内容の健康診断なら法人の社長もOKと国税庁の質疑応答事例にありますが、個人事業主はダメ。

 個人事業主に厳しいなあ。

法人で、スタッフがいる場合は福利厚生費の幅が広がりますね。スポーツクラブの会費なんかも、法人会員で契約してスタッフ全員が使えるように福利厚生制度を作れば会社の経費にできます。

 これも個人事業主はダメなんですか？

ええ。個人事業主のもとで働いているスタッフへ福利厚生制度を作ることはできますが、個人事業主自身はその恩恵にあずかれないんですよ。

ひどいなあ。個人事業主だってリフレッシュしたいですよ。

スポーツクラブは家事費と考えられているんです。スポーツクラブは事業を営んでいなくても使いたい人は使います。業務遂行上直接必要な支出じゃないんです。

個人事業主の仕事がパーソナルトレーナーだったりして、売上を上げるために直接必要なら経費になりますけど。

それなら確実に売上に貢献する経費ですけど、しかし個人事業主は福利厚生面は不利ですね。

そうなんですよ。福利厚生制度を社長も使えるのは法人の大きなメリットです。

第2章　小林さんのまとめメモ
法人のメリット
- 家賃や生命保険など個人の支出を法人に付け替えることができる
- 家族が専従じゃなくてもお給料を払える
- 社長も福利厚生制度を利用できる

第3章

法人にする
タイミングは？

法人のメリットを聞いて、小林さんは法人にしたいという思いが強まっていますが、梅沢さんはあまり乗り気ではないようです。梅沢さんは何を心配しているのでしょうか。

1 | 税金よりも大切なこと

給料を下げれば税金は減る

こういう、社宅とか生命保険とかの個人的な支出を法人の経費にする、家族に所得分散したりするのが法人を使った節税のポイントなんですよ。図にするとこんな感じ。

売上	
経費	社長の給料

売上		
経費	社宅など経費	社長の給料

 なるほど。個人的な支出を法人に移して、給料を減らせば税金や社保も抑えられますもんね。これはお得ですね、絶対に法人がいいじゃないですか。僕、法人でやりたいです。

こうやって法人の利益を減らして、残った利益を社長の給料にすれば実質的な生活を変えずに税金や社保を減らせますけど、**これだと大切なことを見落としてるんですよ。**

 ？

給料を下げるリスク

家を借りるとき、不動産屋さんに何を持ってきて、って言われます？

身分証明書とか？

それはもちろんですが、サラリーマンの方は源泉徴収票を持ってきて、って言われますよね。

 そうですね。

不動産屋さんは、源泉徴収票で、この人はこのくらいの家賃なら払えるな、とか、ちょっと無理だな、というのを見てるわけですよ。

 審査に通る通らないってヤツですね。

そう、それです。だいたいお給料の25％くらいの賃料なら貸しても大丈夫だろう、って審査に通るっていわれてます。お給料が賃料の4倍ないと貸してもらえない。節税のためにお給料をガンガン減らしたらどうなっちゃいます？

 家を借りられなくなっちゃいますね。

ですよね。車を買うとき、マイホームを買うときだってそう。お給料が少なかったらそれじゃローン組めません、ってなってしまいますよ。

 確かに。

一番怖いのが交通事故にあって逸失利益を計算するとき。節税し過ぎて所得（利益）がない時期に交通事故にあって、相手方と裁判になりましたが、所得（利益）がないので補償する必要がないって相手側に主張されてしまうとか。

 うわわわわ🌀

だから、僕としては安易に節税に走るのは反対なんですよ。

 じゃあ、高い税金を払うしかないんですか？

大事なのは手残り

今の給料のままでも、手残りが増えれば生活は豊かになりますよね？　イメージとしてはこんな感じです。

売上	
経費	社長の給料

売上		
経費	社長の給料	社宅など経費

今の利益以上に出すことのできた利益を社宅や生命保険とかに組み替えるんです。税金や社保の負担は今と同じでも、家賃分が浮くわけだから、手残りは多くなります。

今と税金が同じでも、それなら使えるお金は増えますね。

法人のメリット

そうやって社長の給料をしっかり取って、社宅にして経費を増やしても、さらに利益が出れば法人税が課税されますけど、ここが法人にする一番のメリット。

個人は累進課税で所得が増えれば増えるほど税率が上がるけど、法人は税率が変わらない。法人で課税される方が手残りが大きくなるんです。

売上		
経費	社長の給料	社宅など経費

売上			
経費	社長の給料	社宅など経費	利益
			税金　手残り

自分が必要な給料を取ったら、個人的な支出を法人に移して個人としての手残りを増やすことと、利益は法人税が課税されるようにして再投資できる法人の手残りを増やすこと。これが法人のメリットですよ。

再投資できる法人の手残り？

社長が高い給料を取って累進課税の高い所得税を負担した手残りを法人に貸し付けるより、法人で税金を払ってお金を蓄えておいて、それを将来の2店舗目とかに投資した方が有利でしょ？

個人は累進課税だけど法人は税率が一定。利益が大きいなら法人で税金を払う方が得！　稼げば稼ぐほど、事業を大きくしたい人ほど、法人っていう形態は有利なんだ！

Column

累進課税制度とは

　累進課税制度とは、所得の高い人は多くの税金を負担し、所得の低い人は低い税金を負担する制度です。

　したがって、所得額が大きければ大きいほど税額が高くなります。

　この累進課税制度には、①単純累進課税と②超過累進課税の2種類の方式があります。

① 単純累進課税……所得が一定額を超えた場合に、その金額全部に対して高い税率を適用する
② 超過累進課税……所得が一定額を超えた場合に、その超えた金額に対してのみ、高い税率を適用する

　上記①の方式の場合、税率のちょうど境目の所得の場合には納税額が極端に増加してしまうため、所得税法では②の超過累進課税方式が採用されており、最高税率は45％になります。住民税は10％ですから、合計すると55％にもなります。

　一方、法人税は一般的な中小企業の場合、約25％です。一般的に「法人税」と呼ばれているものには、法人税の他に地方法人税、法人事業税、特別法人事業税、法人住民税が含まれています。これらは所得金額や事業規模などによって税率や額が変わりますが、課税される所得が800万円以下であれば、通常これらの税金全て合わせて25％程度に収まります。

2 | 法人にするタイミング

法人にする目安って？

じゃあ、法人にする目安って？　売上が1,000万円とか聞きますけど。

前にも言いましたけど、基本的に所得、つまり利益で考えてください。税率を利益に掛けて税金を計算するんですから売上が1,000万円あっても経費も1,000万円あったら利益は0円。税金も0円ですよ。

その利益っていくらですか？

僕としては、まず交通事故にあったときの算定ベースにされても大丈夫な額を考えます。日本のサラリーマンの平均年収は500万円前後といわれているので、それを確保したい。

さらに家賃など法人に付け替えることのできる個人的支出の分より利益が出るのであれば法人にするメリットを享受できるかと。

500万円に家賃とかを加算した額か……。

 実際には、700から800万円くらいの利益をコンスタントに出せるようになった頃が法人にするタイミングかな？と思います。

 そんなに!?　そんなに儲かってないとダメなんですか？

 利益が300万円くらいから法人成りしたほうが税金的にはお得だという意見もありますけど、計算上はそうかもしれませんが、万が一のことも考えるとこのくらいになると思うんですよ。**法人成りすれば個人事業主のときよりも出費が増えますし。**

 そうなんですか？

 法人の申告書作成は個人事業主の確定申告と比べると難しいので、たいてい税理士に依頼することになります。顧問税理士をつけるとなると毎月2、3万円からの出費、決算料はその5、6倍。年間40万から50万円は覚悟しないと。

 高いな🍀　梅沢さん、そんなにもらってるんですか？

 ちゃんとしたサービスの対価ですよ🍀

 すいません、そりゃそうですよね。

でもね、払う立場になったら、高いなって思うのはわかりますよ。だから余計に、利益が 300 万円のときに、こんなに税理士報酬を払うのは大変だと思うんですよ。

 確かに。700 から 800 万円くらい利益が出れば、税理士報酬も払えなくはないですね。そのあたりで法人にして、この先に生まれる利益を待ち受けるわけですね。

そうです。万が一のことがあったときに、いくらあれば生活できるかは人によって違うし、個々人の状況もあるので杓子定規に当てはめることができないとは思いますが、ひとつの目安になるかな、と。

 なるほど。

社長の給料と社宅家賃を引く前の利益が法人で 1,000 万円だったとして、そこから社長の給料が 500 万円、社宅家賃が月 10 万円、年間 120 万円と社保を負担した場合と、個人事業主で利益が 1,000 万円出た場合を比較してみましょうか。

	個人事業主	[法人にした場合] 法人	社長（給料）
売上	25,000,000	25,000,000	
経費	△15,000,000	△15,000,000	
家賃／社宅家賃	(1,200,000)	△1,200,000	
事業所得／役員報酬／給料	10,000,000	5,000,000	➡ 5,000,000
給与所得控除	−	−	△1,440,000
国保・国民年金／社会保険料●	△1,019,320	△691,260	△691,260
基礎控除	△480,000	−	△480,000
課税所得	8,500,000	3,108,000	2,388,000
所得税[1]●	1,346,600	−	144,200
住民税●	857,500	−	246,300
事業税●	355,000	−	−
法人税等●	−	765,600	
●国保／社保・税負担合計	3,578,420	1,456,860	1,081,760
手残り	6,421,580	2,343,140	3,918,240
家賃を負担した手残り	5,221,580	2,343,140[2]	3,918,240[2]

※1　復興特別所得税を含む
※2　家賃は法人経費のため

個人事業主の手残りは 522 万円、法人＋社長の手残りは 626 万円。約 100 万円変わりますね。

これだけ所得が出ていると確実に法人の方が有利ですね。

法人のもうひとつのメリット

法人のメリットを享受するには会社の規模を大きくしないとですね。店舗ビジネスは箱の大きさで出せる利益には限度があるから、店舗を増やすしかない。

そうすると何人も従業員を抱えることになりますね。人を雇うなら法人にして社会保険加入って大事ですよね。**法人で、社会保険完備の方がスタッフは集まりやすいで**しょう。

そうか。人を雇うという面でも法人っていうのはメリットがあるんですね。

 法人って聞くとしっかりしてそうって思うでしょ？

 思いますよ。カッコいいと思っちゃうし。

 今の若い子は生まれた頃から不況の時代を生きてきているから、そのあたりのアンテナはしっかり張ってますよ。

独立する＝経営者になる

 そのうち、規模が大きくなったらいつハサミを置くか、考えなきゃいけなくなりますよ。

 やっぱりそうですよね。

 会社が大きくなると、経営者の仕事ってマネジメントと資金繰りなんですよ。実務じゃなくなる。まあ、だからいきなり他業界からきた CEO が業績を飛躍的に伸ばすとかいう事象が起こり得るんですけど。

 現場好きなんですよ〜。現場を離れなきゃいけなくなるのはさみしいな。

 わかります、その気持ち。

第3章　小林さんのまとめメモ

- 法人成りは利益がコンスタントに 700 万円から 800 万円出るようになったら
- 節税ばかりに目がいくと、万が一のときに大変なことになる
- 税負担が大きくても手残りがたくさんあれば問題なし！

Column　法人成りを検討すべきラインっていったいどこ？

　売上が 1,000 万円になったら法人成りを検討した方が良いという意見に対し、それは消費税課税事業者になるラインであって法人成りを検討する目安とはならないと文中で梅沢さんが言っていますが、文筆業や漫画家、イラストレーターのようなクリエイターや SE などのフリーランスで経費がほとんどない方は、売上 1,000 万円は法人成りの目安となると考えて良いでしょう（カメラマンのような経費の大きいフリーランスの方は除きます）。

　フリーランスは、売上が 1,000 万円に近ければ、ほぼ法人成りを考えていい所得に達しているでしょう。そこで法人成りをすれば、さらに 2 年間の消費税免税事業者期間を享受できますから、売上 1,000 万円を目安にするのもあながち間違いではないのです。

　しかしながら、フリーランスはインボイス制度が導入されることによって、消費税免税期間を享受できなくなる可能性があります。詳しくは第 4 章で解説します。

消費税問題

梅沢さんの意見を聞いて、ちょっとショックの小林さん。梅沢さんが個人事業主スタートをおススメするのはもうひとつ理由があるようです。

消費税の納税義務

そうすると、700万円以上の利益がコンスタントに出るまで法人にできないってことですか!?　最初からそんなに利益が出るかわからないし……えー、それはショックだなあ。

できなくはないですよ。業種的に法人じゃないと相手にされない場合は法人一択ですし、全く売上の見込みが立っていないのに、いきなり法人設立する人だっていっぱいいますからね。1年間、売上が0円でも食べていける余力があるなら全然OKですよ。

そんなわけないじゃないですか。でも、僕のモチベーションにはかなり関わるんですよ。35歳というのは美容業界では独立するのがかなり遅い方なんです。少しでも遅れを取り戻したいというか。

まあ、それも法人成りの大事な理由ですけど、個人だってそんなに悪くないですけどねえ。

うーん。

急いては事を仕損じるで、とりあえず個人事業主でスタート、軌道に乗ったら法人成りもアリですよ?　まさしくその経験者が目の前に、ホラ。

井口オーナーシェフ

起業なさるんですか？

あ、はい、僕美容師なんですけど、独立したくて、個人事業主と法人どっちがいいのかなと思いまして、梅沢さんにいろいろ教えてもらっているんです。

私、最近法人成りしたんですよ。

そうなんですね！　どうして法人がいいと思ったんですか？

そろそろ、後進を育てつつ、2号店を持とうかと思っているんです。いい人材を集めるにはやっぱり法人がいいかな、という理由と、もう一つは消費税ですね。

消費税？　売上が1,000万円超えたらってヤツですよね。

小林さんはおそらく初年度から課税売上1,000万円超えますよね、でも初年度と次の年は消費税を納めなくていいんですよ。

初年度と次の年……商売を始めて2年は消費税って納めなくていいんだ。

前々年の課税売上が1,000万円を超えると納税義務が発生します。

で、それが法人成りとどういう関係？

法人成りするとき、この消費税の判定は振り出しに戻るんです。個人事業主として営業していたときは考えなくてよくて、法人成りしてスタートしてから初年度と次の年は消費税の納税義務はないんです。

え、そうなんだ！　消費税って結構負担だって聞くからそれはいいな。

個人事業主からスタートして法人成りすれば、個人事業主のとき2年、法人成りしてから2年の最大4年間、消費税の納税義務がないので、個人事業主からスタートっておススメなんですよ。

Column

どんな場合に消費税課税事業者になるのか

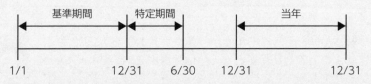

基準期間とは、前々事業年度のことです。特定期間とは、原則として前事業年度の開始の日以後6か月の期間となります。

基準期間の課税売上高が1,000万円を超える場合は、課税事業者です。基準期間が存在しない場合、若しくは基準期間の課税売上高が1,000万円以下の場合には、特定期間の課税売上高と給与支払額が共に1,000万円超なら課税事業者となります。どちらか一方が1,000万円以下であれば免税事業者となります。

　法人成りして1年目は、たとえ過去に個人事業主として営業していても法人としては第1期。基準期間がないので免税事業者です（資本金の額が1,000万円未満の場合）。2年目も、1年目の前半で売上（給与支払額）が1,000万円を超えていても、給与支払額（売上）が1,000万円以下であれば免税事業者となります。

免税事業者→課税事業者のとき、業績予測に注意

シェフは、今年来年は免税事業者だから、個人事業主だったときと比べて消費税のせいで余計に利益が出てますよ。

 あ、だから去年と比べて利益が大きく感じるのか。

再来年はガクッと業績が下がったように感じると思うので気を付けてくださいね。今は免税事業者ですけど、課税事業者だった場合の損益も出しといたほうがいいですね。業績を見誤っちゃう。

 うちはまだ規模が小さいからそんなに影響ないだろうけど、年商が1億円とかある場合、免税から課税になったときはかなり変わりそうですね。

1億円売上がある飲食店だったらこんな感じかな？

（単位：万円）

	免税事業者	課税事業者
売上	11,000	11,000
仕入	3,780	3,780
給与	3,000	3,000
その他販管費	4,180	4,180
租税公課（消費税）	0	340
利益	40	△300

※売上と販管費の税率10%、仕入の税率は軽減税率とする

 シャレにならないですね、免税だとギリギリ黒字でも課税事業者だと赤字なんて。よかった、聞いておいて。

2 インボイス制度

免税事業者は市場から追い出される!?

美容院はBtoC（Business to Consumer）の業態なので、消費税の免税期間、個人事業主として2年、法人2年、合計4年といけると思いますけど、飲食店はBtoB（Business to Business）もありますからね。

 うちは多いですね、接待でご利用いただいてるケース。

BtoBの場合、令和5年10月からは、免税事業者は課税事業者に取引してもらえなくなる可能性があるんです。

 なんでですか？

50

インボイス制度が始まるから。だから、シェフのところは2年間まるまる免税期間が取れるように、令和3年10月前に法人成りしておきたかったんです。

聞きますね、インボイス制度って。なんだかよくわかってないですけど。

消費税は預かった消費税から支払った消費税を差し引いた額を納めます。

今は免税事業者から仕入れても支払った消費税を預かった消費税から差し引けるけれど、令和5年からは免税事業者からの仕入は消費税を差し引けなくなるんですよ。

インボイス制度だと、本体価格が400万円のものを免税事業者が消費税分40万円を加算して440万円で売ったとします。購入側は440万円を支払っても、40万円は支払った消費税としては認められないんです。

40万円はどうなっちゃうんですか？

本体価格です。購入側は400万円のものを440万円で買っているのと同じになってしまうんですよ。仮払消費税は0円。

1. 課税事業者から仕入れた場合

税込仕入 440 万円　税込売上 880 万円
本体価格 400 万円　本体価格 800 万円
仮払消費税 40 万円　仮受消費税 80 万円

仕入 400 万円	売上 800 万円
利益 400 万円	

仮払消費税 40 万円	仮受消費税 80 万円
消費税納税額 40 万円	

支出　仕入440万円＋消費税納税額40万円
　　　　　　　　　　　　　＝ 480 万円

2. 免税事業者から仕入れた場合

仕入 440 万円　　税込売上 880 万円
本体価格 440 万円　本体価格 800 万円
仮払消費税 0 円　　仮受消費税 80 万円

仕入 440 万円	売上 800 万円
利益 360 万円	

消費税納税額 80 万円	仮受消費税 80 万円

支出　仕入440万円＋消費税納税額80万円
　　　　　　　　　　　　　＝ 520 万円

課税事業者から仕入れた場合は、仕入時 440 万円と消費税納付で 40 万円、合計 480 万円の支出ですが、免税事業者から仕入れると仕入時 440 万円と消費税納付 80 万円で合計 520 万円の支出になってしまうんです。

それじゃ購入側は損ですよ。免税事業者から買うなら 400 万円で買いたい。

それか、40 万円を支払った消費税として認めてもらえる仕入先から仕入れたいですよね？　免税事業者は市場から排除されないために、400 万円で売るか、課税事業者になるかを選択することになると思います。

課税事業者じゃなくてもいいのに、あえて課税事業者を選ばないといけないのか。

ええ。すでに課税事業者の中では、今後は課税事業者のみと取引をしようという議論が出ているので、BtoBの業種の免税事業者は、インボイス制度導入後は事業開始と同時に課税事業者を選択でしょうね。

マジですか？　なんでインボイス制度になるんですか？

国としては消費税率を上げて10%にして、もう免税事業者の益税を見逃せなくなったんですよ。

益税？

免税事業者は、消費税で得してるんですよ。現行では仕入先が免税事業者でも課税事業者でも支払った消費税を差し引けるので、免税事業者は取引をやめられる心配もなく消費税を上乗せして請求できてるわけです。

インボイス制度になったら、免税事業者は消費税上乗せができなくなる。だからといって仕入先を免税事業者にできるとも限らない。そうすると、仕入れの額は変わらないけれど売上が下がります。

免税事業者の業績

(単位：万円)

	現行制度	インボイス制度
売上	880	800
仕入	440	440
利益	440	360

消費税を上乗せできない分、利益が減ってる。

でも、小林さんは BtoC だから、インボイス制度がスタートしてもお客さんに消費税分安くしろなんて言われないと思うので、いきなり法人設立だと個人 2 年の免税期間がもったいないですよ。

美容院の場合、免税事業者だとどのくらい益税になるんですか？

小さめの店舗で年間売上が 2,500 万円として、消費税対象外仕入が 1,100 万円、その他の経費 1,300 万円は消費税がかかるとすると……。

(単位：万円)

	免税事業者	課税事業者
売上	2,500	2,500
課税仕入	1,300	1,300
消費税対象外経費	1,100	1,100
租税公課	0	109
利益	100	△9

課税事業者だと赤字なのに免税事業者だと 100 万円の黒字になるんだ！　課税事業者になりたくないな

消費税が課税されるもの、されないもの

 この表の消費税対象外経費って何ですか？

 人件費や減価償却費などの消費税が課税されない経費のことです。お給料に消費税はないでしょ？

 お給料をもらうときは気にしたこともなかったですね。

 給料は、消費税が課税される要件に当てはまらないんです。

消費税が課税される4要件
1. 国内において行われる取引
2. 事業者が事業として行う取引
3. 対価を得て行う取引
4. 資産の譲渡、資産の貸付け又は役務の提供

 これのどれかに当てはまらないものは消費税は課税されません。給料は、雇用契約に基づく労働の対価なので、2の「事業者が事業として行う取引」に該当しないんです。

 なるほど、そういう理屈があるんですね。

 課税事業者となると、取引ひとつひとつについて、これを考えなきゃいけないんですよ。

え、ほんとですか？　めんどくさいですね🐝

美容院の売上はこの4要件に当てはまりますから、助成金とかをもらった場合は別として売上は全部課税です。問題は払った方ですね。

払ったもの、いちいち考えるなんて気が遠くなりそう。

3 | 簡易課税

中小事業者の味方「簡易課税」

大丈夫ですよ、売上が年商5,000万円以下の場合、「簡易課税」なるものを選べます。

簡易課税？

売上はちゃんと消費税を把握しなきゃですけど、支払った消費税は売上から計算するから考えなくていいよ、っていう計算方法です。業種によってみなし「仕入率」というのが用意されていて、美容院だと第五種ですね。

みなし仕入率
第一種事業　卸売業　90%
第二種事業　小売業、農業・林業・漁業（飲食料品の譲渡に係る事業）　80%
第三種事業　製造業等、農業・林業・漁業（飲食料品の譲渡に係る事業を除く）　70%
第四種事業　その他の事業　60%
第五種事業　サービス業等　50%
第六種事業　不動産業　40%

売上から計算する？

ええ。売上さえわかれば消費税の納税額がわかるんです。

簡易課税　仕入に係る消費税の計算式
課税標準額に対する消費税　×　みなし仕入率（50％）

売上に係る消費税額からこの計算式で出した額を引けばいいので……売上が2,500万円で第5種だと2,500万円×0.1／1.1－2,500万円×0.1／1.1×50％で113万円ですね。

さっきの例だと109万円でしたよ。

あれは、原則のやり方で計算した場合の消費税の額ですね。この例だと簡易の方がちょっと納税額が大きくなりましたね。

簡易課税はインボイス時代の救世主!?

通常、原則と簡易、どっちが有利かな？ってシミュレーションしますけど、インボイス制度が始まったら納付額が少々多くても簡易課税を選択する事業者も出てきそうですね。

納付額が増えても？

インボイス制度では、支払った消費税だと認めてもらうためには適格請求書を保存する必要がありますけど、簡易課税なら保存はいらないんです。

テキカクセイキュウショ？　普通の請求書じゃないんですか？

現行の区分記載請求書と比べてみましょうか。

区分記載請求書
（イメージ）

請求書

○○御中
　　　　◎年□月分 21,800 円（税込）

□月 1 日　牛肉 2kg ※　　　　5,400 円
□月 8 日　割りばし 4 組　　　5,500 円

合計　　　　　　　　　　　21,800 円
　　　（10%対象　11,000 円）
　　　（8%対象　10,800 円）

△△（株）

「※」は軽減税率対象であることを示します。

適格請求書
（イメージ）

請求書

○○御中
　　　　◎年□月分 20,000 円（本体）
　　　　　　消費税　1,800 円
□月 1 日　牛肉 2kg ※　　　　5,400 円
□月 8 日　割りばし 4 組　　　5,500 円

合計　20,000 円　消費税　1,800 円
　（10%対象　10,000 円　消費税　1,000 円）
　（8%対象　10,000 円　消費税　　800 円）

登録番号　XXX-XXX

△△（株）

「※」は軽減税率対象であることを示します。

このふたつ、そんなに変わりはないような気がしますけど？

現行の区分記載請求書だと取引金額は税率区分ごとの合計額の記載ですが、適格請求書はそれの消費税額等及び適用税率が記載されます。それと、登録番号が書いてありますね。

登録番号？

適格請求書を発行するには税務署に適格請求書発行事業者として登録する必要があって、その登録番号です。適格請求書発行事業者として登録できるのは課税事業者のみです。

適格請求書を発行できるのは課税事業者なんですね。

そうです。消費税は「預かった消費税－支払った消費税」で計算しますが、「支払った消費税」は適格請求書を基に集計してねというのがインボイス制度です。適格請求書をもらったら「支払った消費税」に含めて OK ですが、そうじゃないならダメ。

じゃあ、請求書をもらったら、いちいち「適格請求書」かどうかを確認しなきゃいけないってことか！

適格請求書発行事業者は国税庁のホームページで公表されます。本当に適格請求書発行事業者かどうか法律上確認を行う必要があると明記されてはいませんが、ニセモノの適格請求書では支払った消費税に含めることはできないですね。

大企業はともかくとして、請求書を手書きで出してくるような小規模の取引先が本当に適格請求書発行事業者か確認するなんてめんどくさすぎる。

そこで、納税額が少し増えたって「簡易課税」を選択できるなら、選択してしまおうというわけです。売上から消費税の納税額を計算しますから、もらった請求書が適格請求書じゃなくたって問題ありません。そもそも適格請求書の保存義務がないので。

 ありがたいですね、簡易課税って。

でも、インボイス制度の導入は預かった消費税から差し引く「支払った消費税」を「課税事業者に対して支払った消費税の額」だけにしたいからなので、支払先を限定しない簡易課税制度はなくなる方向でしょうね。

 なくなっちゃうんですか？

ええ。政府の税制調査会の報告では、「簡易課税の廃止を含めた抜本的な見直しを行うべきである」とされています。当分の間は免税事業者を課税事業者にしたことで満足するかもしれませんが。

簡易課税の注意点

もし、設備投資で支払った消費税が多額になった場合、原則の計算方法なら消費税の納付額が減ったり還付になったりしますが、簡易課税だと消費税はいつも通り納めることになります。

 そうか、売上でのみ考えるからですね。

簡易課税を選択するときは「消費税簡易課税制度選択届出書」を使いたい期がスタートする前に提出する必要があります。それと、一度選択したら2年間は強制適用です。

じゃあ、2店舗目を出したいときは、簡易課税をやめられる時期かどうかも考えないといけないのか。

そうです。計算は楽ですけど、損する可能性もあるので気を付けないとですね。

第4章　小林さんのまとめメモ
- BtoCは個人事業主→法人成りなら消費税丸4年免税でいける
- 免税事業者→課税事業者のとき業績の見誤りに注意
- インボイス制度のもとでは、令和5年10月から免税事業者からの仕入は消費税を引けなくなる（経過措置あり、次ページのコラム参照）

免税事業者はインボイス制度が始まると不利になる！？

　課税事業者の場合、消費税は、7,700 円（税込）で仕入れたものを 11,000 円（税込）で売った場合、預かった消費税 1,000 円から仕入れたときに支払った 700 円の差額 300 円を納付します。預かった消費税から支払った消費税を差し引くことを**仕入税額控除**と呼びます。

　現行の消費税法では、免税事業者から仕入れた場合であっても、仕入税額控除（預かった 1,000 円から 700 円を差し引く）ができますが、令和 5 年 10 月からインボイス制度がスタートすると、「適格請求書発行事業者から仕入れて、適格請求書の保存をする」以外のケースは仕入税額控除ができなくなってしまいます。適格請求書とは、課税事業者が発行する、登録番号の記載があるなどの要件を満たした請求書のことです。

　インボイス制度のもとでは、適格請求書の発行ができない免税事業者から 7,700 円で仕入れた場合、700 円は仕入税額控除の対象とならず、7,700 円全額が本体価格となります。これでは仕入れた側としては割高です。合理的な経済活動としては、適格請求書の発行が可能な課税事業者から 7,700 円で仕入れる、もしくは適格請求書の発行できない免税事業者から 7,000 円で仕入れることになります。

　つまり、免税事業者は今まで消費税という名目で請求していた分を同じように請求していたら、市場から排除される可能性があるのです。免税事業者は価格を下げるか、課税事業者となるか、選択を迫られることになります。

　現実に、課税事業者の中では、取引先を課税事業者に絞るべきだとする議論が始まっています。特に、イラストレーターや文筆業、SE のような外注として仕事を請け負っている場合、課税売上高が 1,000 万円超でなくとも、仕事を受注するために課税事業者を選択せざるを得なくなると考えられます。

　インボイス制度の導入後は、免税事業者や消費者など、適格請求書

発行事業者以外の者から行った課税仕入れは、原則として仕入税額控除を行うことができませんが、現行の区分記載請求書等と同様の事項が記載された請求書等及びこの経過措置の規定の適用を受ける旨を記載した帳簿を保存している場合には、次の表のとおり、一定の期間は、仕入税額相当額の一定割合を仕入税額として控除できる経過措置が設けられています。

期　　間	割　　合
令和5年10月1日から令和8年9月30日まで	仕入税額相当額の80%
令和8年10月1日から令和11年9月30日まで	仕入税額相当額の50%

　今は事業者間の取引が問題になっていますが、この先消費税率がさらに上がると、会社員もうかうかしていられないことになりそうです。社会保険料の負担（第1章）と人を雇うというリスク（第8章）と相まって、会社は仕入税額控除ができない従業員を雇う代わりに、仕入税額控除のできる外注先に仕事を依頼することを選ぶようになると予想されるからです。

　小林さんのいる美容業界では「面貸し」と呼ばれる外注方法がありますし、マッサージ業界もスタッフが実は個人事業主であることがあります。消費税率が8%から10%に上がった際には、正社員の外注化が問題になりました。今の働き方はまだまだ会社員が多いですが、個人事業主と会社員が逆転するような時代が来るかもしれません。

第5章

個人事業主も法人も
一長一短

税金面では有利といわれる法人ですが、気を付けなくてはならないところもありますし、個人事業主でも節税方法がないわけではありません。梅沢さんはどちらも一長一短あることを小林さんに説明しています。

1 | 給料のいろいろ

家族に給料を払って所得分散

 2年間の消費税免税は魅力的ですね。

 ここまでお話しすると、みなさん個人事業主でスタートに落ち着くことが多いんですよ（笑）。

 ……実はですね、来月結婚するんです。

 おお！　おめでとうございます！

 ありがとうございます。なので、彼女にも、彼女のご両親にもちょっとカッコつけたいという部分もありまして……。

 なるほど。だから法人にこだわってるんですね。その気持ちはわかりますよ。僕も、プロポーズするまでに一人前になって税理士登録したいって必死でしたもん。お相手の方、お仕事は？

 全然違う業種で、会社で経理をしてます。なので、経理はお願いしちゃおうかなと。

 なるほど……それだと個人事業主の場合、彼女さんには経理を手伝ってもらってもお給料が出せないなあ。

本当にやってもらっても？

家族の給料　個人の場合

ええ。前にお話ししたように、個人事業主の場合、家族だと要件がいろいろあるんです（第2章）。家族が専従者で、それを税務署に届け出ていないと必要経費とはみなされないんですよ。

センジュウシャ？

もっぱら従事している者。なので、平日の月曜から金曜、9時5時で小林さんの事業を手伝って、そのあと夜とか土日にバイトに行くならともかく、平日に他で正社員で仕事をしている家族にはお給料を支払っても必要経費にならないんです。

事業を本格的に手伝ってもらわないと払えないんですね。

婚姻するまでは他人へのお給料と同じで経費になりますが、婚姻したら、他で働いているので経費にならないですね。所得分散できると有利なんだけどなあ。家族にお給料を払うと、一家での税額はこんなに変わるんですよ。

	個人事業主	〔専従者に給料を払う場合〕	
		個人事業主	家族
売上	15,000,000	15,000,000	
経費	△10,000,000	△10,000,000	
家族へ給料支払		2,500,000	➡2,500,000
給与所得控除	−	−	830,000
基礎控除	△480,000	△480,000	△480,000
課税所得金額	4,520,000	2,020,000	1,190,000
所得税※2	486,500	106,600	60,700
住民税※3	459,500	209,500	126,500
事業税	105,000	0	0
税負担合計	1,051,000	316,100	187,200
		個人事業主の税額＋家族の税額	503,300

※1　国民健康保険、国民年金保険料は考慮しない
※2　復興特別所得税を含む
※3　住民税は基礎控除 43 万円、調整控除額 2,500 円、均等割 5,000 円として計算

かなり変わりますね！

家族の税額に至っては給与所得控除と税率が下がるおかげで随分少なくなりますね。こうやって家族に給料を払えば簡単に税金を低くできるので、家族へ給料を払うには専従者じゃなきゃダメとか届出が必要とか要件があるんですよ（第 2 章参照）。

家族の給料　法人の場合

法人なら専従じゃなくても払えるけれど、社長とか、経営に携わる役員の家族は役員でなくても役員としてみなされるところがあって、やっぱり家族の給料には注意しなきゃなんです。

役員じゃなくても役員？

役員として登記していなくても、経営に携わっている場合、「みなし役員」となるんです。配偶者だと、法人の重要な決定の場面に役員じゃなくても参画していることが多いから。

役員と役員家族の給与・賞与に注意

会社役員の給料ってちょっと厄介でして。原則年1回しか役員報酬の月額は変えられないし、「役員」のボーナスは経費にならないんですよ。

お給料の額を変えられない？

正確には変えられるんですけど、変えてもその分が経費にならないから法人税が減らないんです。

ボーナスが経費にならないっていうのは？　従業員のボーナスは？

従業員のボーナスは経費ですよ。役員のボーナスはダメ。役員のボーナスを払っても法人税は減らないです。

役員のだけダメなのか。ひどいなあ。

役員のもらうものは利益操作に利用されやすいんですよ。利益がいっぱい出そう、法人税が高くなりそうとなったら社長が「自分がもらっちゃおう」、と自分の給料を増やしたくなるでしょ。

確かに。

なので、役員報酬の額は変えられないし、役員のボーナスは経費にならないとされています。そこでみなさん考えるのが、家族の給料の増額やボーナス。これも社長の給料と同じで利益操作できちゃうから、みなし役員への支払いも役員と同じように扱われます。

社長一家の給料やボーナスで利益操作ができないようになってるんですね。給料の額も変えられないって、ずーっと同じ額にしろってことですか？

いえ、決算が終わって3か月以内、つまり期首から3か月以内なら変えられますよ。

決算期が近づいたとき、業績が良くてもっと役員報酬がもらえたのに、となっても変えられないからボーナスでもらおうとしても、ダメなのか。

事前確定届出給与といって、事前に額を税務署へ届けておけば月々の給料以外の役員の給料も経費になりますけど、そのときの状況で額を変えられないからやってない会社がほとんどです。

社長が会社のお金を使うと「役員賞与」

法人にすると、お金の自由度が下がるんです。給料以上に稼いだ分は会社のお金であって、それを社長が使おうとすると会社からお金を借りることになり、会社に利息を払う必要が出てきます。

70

稼いだお金を自由に使えないんですか？

だって事業主体は会社ですもん。会社のお金を使って、返すのが嫌なら役員賞与ですね。ボーナス扱い。役員のボーナスは経費にならないのでもったいないですよ。法人税かかるし所得税もかかるし。

自分で稼いだお金なのに使えないなんて！

法人にすると、自分で稼いだお金じゃなくなっちゃうんですよ。会社のお金。

事業規模が小さいと個人事業主の方がおススメ

個人事業主だと、家族が他で働いているとお給料は出せないけれど、専従者ならお給料が出せて、ボーナスも出せる。法人だと、他で働いていてもお給料を出せるけれど、みなし役員でボーナスは払えない。会社にお金があっても僕は自由に使えない……。

事業規模が小さくて、専従者がいるのであれば、個人事業主の方がおススメですね。届出は必要だけれど専従者にお給料を払って所得分散して、利益が出てたらボーナスを払えるし、社保加入義務はないし。なんてったって**手残りは全部自分のもの**。

1店舗で夫婦でやってる先輩はだから法人成りしないのかな。

そうかもしれませんね。

 そんなあたりだろうなあ。自分で稼いだお金を自由に使えないのは納得がいかない。

法人にすると会社のお金になっちゃうんですよね。個人事業主としてやってる人は、法人にしたときのわずらわしさが嫌なんておっしゃいますね。

 法人にするっていろいろと注意しなきゃいけないことが出てきますね。

退職金　法人の場合

給料、ボーナスときたからあとは退職金ですね。法人だと社長に退職金が払えるし家族従業員でも払えますよ。もちろん不相当に高額じゃダメですけど、そうじゃなければ払った額がちゃんと損金になります。

退職金　個人事業主の場合　家族編

個人事業主本人の退職金は事業経費にならないです。家族にも退職金は払えないです。

 個人事業主だと家族にも退職金はダメなんですか？

そうなんですよ。専従者にお給料はいいんですけど退職金はダメ。でも抜け道があって、中退共に加入すれば専従者にも退職金が払えます。

チュウタイキョウ？

中小企業退職金共済。国がやっている制度で、法人でも個人事業主でも加入できます。毎月掛金を払っておけば従業員が退職するときに共済から退職金が支払われるんですよ。これなら個人事業主でも家族に退職金が払える。掛金は全額経費だし。ただし、従業員全員加入が原則です。

スタッフにも退職金を払ってあげたいし、辞めるときにドカッと払うよりいいですね。

ただ、中退共を嫌がる社長さんが多いんですよ。これは法人でも個人事業主でも当てはまることなんですけど、掛金は一度決めたら減額するには従業員の同意が必要だし、懲戒解雇の場合、退職金の減額はできても減額した分が雇用者側に返ってはこないんです。

懲戒解雇って、スタッフが悪いことをして解雇したってことですよね？　それはなんだか納得いかないなあ。

退職金　個人事業主の場合　本人編

個人事業主の退職金は？

個人事業主本人の退職金は事業の経費にはできないんですけど、「小規模企業共済」に加入して積み立てれば、国が運用してくれて65歳に達したときか、廃業時に退職金として受け取れます。

 これも国の制度なんですね。

そうなんです。積み立てたお金が全額、所得控除になるんです。

 所得控除？

所得税は、事業経費じゃなくても引けるものがあるんですよ。老後資金のために貯金しておくくらいなら、その分小規模企業共済の掛金に回せば税金が安くなります。

 老後のために積立てをすると税金が安くなるなんてすごいですね！　絶対入ります！

あとでこの制度、詳しく説明しますね（第11章参照）。

2 個人事業主のメリットといわれる「交際費の青天井」のホントのところ

個人事業主だとロータリークラブは家事費

個人事業主が注意したいところとしては、交際費なんですけど。交際費は法人だと年間 800 万円まで損金算入という制限があります（中小法人の場合）。

もし、1,000 万円交際費使っちゃったらどうなるんですか？

はみ出た 200 万円には法人税が課税されます。でも、個人事業主だと使った分、全部経費でいいんです。

へえ、個人事業主の方が緩いんですね。

上っ面だけを言えばそうなんですけど、個人事業主って法人よりも経費として認められる幅が狭いんですよ。上限設定がなくたって、そもそも交際費に当てはまらないモノが多かったら意味ないと思うんですよね。

？

例えば、ロータリークラブやライオンズクラブ。これの入会金や会費は、法人なら経費ですけど個人事業主だと経費にならないんです。

え！ なんでですか？

参加している人の気持ちはビジネス上でプラスになるかも、と思っていても、ロータリークラブの会の趣旨は社会貢献や会員同士の交流です。個人というのは経済活動もするけれど私的な消費活動もする。会の趣旨が社会貢献なら私的な消費活動でしょ、と。

ビジネス上でプラスなんですよね？ その中で仕事につながれば経費になるんじゃないんですか？

ここが個人事業主の厳しいところなんですよね。個人事業主は私的な消費活動（生活費）が経費に潜り込みやすい。そうすると正しい所得の計算ができないから、**所得税は私的なものとビジネス上の区別がハッキリしないものを嫌う傾向があるんです。**

会の趣旨が関係するとは……。そしたら個人事業主の飲食代って、かなり厳しく見られる？

ええ。飲食代のレシートには、誰とどんな目的で会食したかしっかり書いておきたいですね。

法人だとロータリークラブは経費になる理由

そういえば、なんで法人はロータリークラブの会費が経費OKなんですか？

法人は、利潤を追求するために作られたものですから。支出するものは利益を上げるために使ったんでしょ、って見てもらえるんですよ。

なるほど。

いくら上限がないっていったって、個人事業主で交際費を1,000万円も計上していたら目立ちますから調査のときに生活費ではないのかとかなり突っ込まれるでしょう。金額の上限がないってだけで交際費の部分は個人に軍配を上げる意見が多いんですけど、僕はそうでもないんじゃないかと思うんですよね。

3 | 法人成りするときの注意点

借入や名義

梅沢さんの話を聞いていると、法人も個人事業主も一長一短だなあ。個人事業主スタートってデメリットありますか？

法人成りのときに借入残がある場合、その借入をどうするかという問題がありますね。

法人で返せばいいのでは？

個人事業主の借金を法人が返すといったって金融機関がそれを認めてくれないとできないですよ。

え、認めてくれないってあるんですか？

そりゃありますよ、だって個人事業主と法人は別物ですもん。個人事業主で一括返済して新たに法人で借りるか、法人が個人事業主の借金を引き受けるかどっちかですね。

一括返済できるお金があれば借りてないですよ

脅してすみません、ほぼ個人事業主から法人に付け替えしてくれます。ですけど、万が一金融機関が嫌っていったらそれまでなんですよ。

そうなんですね。

あと、いろんな名義変更が手間ですね。水道光熱費とか。リース契約なんかは名義変更に伴ってリース期間が変更になることもあるし、店舗を借りるとき個人事業主だと、法人になったときに契約の変更で少し手数料がかかりますね。

こまごました手間が発生するのか……ちょっとめんどくさそうだなあ。

事業用資産の消費税問題

あと、免税期間2年のうちに法人成りできて、事業用資産を法人に売却できれば問題ないのですが、事業が軌道に乗るのが遅れたとか、忙しいとかで課税事業者になってから法人成りとなると、事業用資産の売却分に消費税がかかってきて、それで消費税の負担が増えてしまいます。

個人事業主のときに使っていた備品とかを法人で使うには、法人に売却しなきゃいけないんだ！

内装とかもですよ。社長が会社に資産を貸して免税事業者になるのを待って売却する、という方法もないわけではないんですけど、そうすると社長は法人成りしたあとも確定申告が必要になりますね。

いろいろ勉強しなきゃいけないことが多いですね〜、たぶん個人事業主でスタートすべきなんでしょうけど……あこがれの法人作って、代表取締役って名刺に書きたいんだよなあ。

お酒の入っていないときにもう一回お話ししましょう。法人登記は税理士にはできないので、司法書士の醍醐香先生をご紹介しますよ。今すぐに設立しなくても大丈夫です。醍醐先生とお話しすれば、会社を設立する、ということにもっと具体的なイメージができると思うので。

第5章　小林さんのまとめメモ
法人と個人事業主の比較

	法人	個人事業主
手間	登記、税務、社会保険系の手続き	税務署への届出のみ
管理費	登記代、税理士顧問料	確定申告は自分で頑張れる
節税	税額は下がるが社会保険の負担が大きい	青色申告の特典がある
家族への給料	払える	専従者なら払える
家族への給料＋扶養	給与が扶養の範囲内ならOK	1円でも給与を払うと扶養×
家族へのボーナス	× （みなし役員の場合）	専従者なら払える
社長（事業主）の退職金	○	× (小規模企業共済に加入すればOK)
家族の退職金	○	× (中退共に加入すればOK)
交際費	800万円の上限があるが幅が広い	上限はないが幅が狭い
お金の自由度	給料として支払った分のみ	手残りが自由に使っていいお金
社宅	自宅家賃を経費にできる	×
生命保険	経費になる	所得控除のみ

第6章

いざ、法人設立！？

法人を設立するには「定款」の作成が必要です。定款はいわば会社の憲法です。梅沢さんは税理士なのでこのあたりは少々苦手。司法書士の醍醐香先生にアドバイスを求めることにしました。

1│株式会社か合同会社か

司法書士の先生をご紹介しますね。司法書士の醍醐香先生。こちら、今度起業なさる小林さんです。

初めましてー。よろしくお願いします。

醍醐先生

 小林です。よろしくお願いします。

会社設立を考えてらっしゃるとか。

 はい。すぐに、かどうかは決めかねているんですが。

税金面の話はしたんですけど、個人事業主か法人か、まだ迷ってるんです。でも、将来的には法人にしたいというご希望なので、法人の形態はどうするかとか、醍醐先生にちょっとお知恵拝借と思いまして。

 僕は、複数店舗出したいんです。近い地域にいくつか店舗を出して、その店舗内でスタッフが融通できるような。ある程度の規模にして、スタッフ教育をしっかりやって、定着してもらって、お客さんにいいサービスを提供したいんです。

規模を大きくなさりたいのですね。法人の方がしっかりしているというイメージがありますので、人材を集めやすいとは聞きますね。

やっぱりそうですよね。

会社設立時に決めるべき項目

会社の憲法ともいえる定款を作る必要があります。定款には絶対的記載事項、相対的記載事項、任意的記載事項があって、順に、必ず記載すべき事項と書くことで効力が生じる事項、書くことで取扱いを明確にする事項となります。

絶対的記載事項……目的、商号、本店の所在地、設立に際して出資される財産の価額またはその最低額、発起人の氏名または名称および住所

相対的記載事項……全部の株式の内容について譲渡制限などの定め、種類株式の発行、株主総会の定定数や決議要件と異なる定め、株券発行など

任意的記載事項……株主名簿の基準日、定時株主総会の招集時期、株主総会の議長、取締役や監査役などの員数、事業年度、公告方法など

会社の形態は？

会社の形態は決められましたか？

会社の形態ですか？

通常の営利目的の会社でしたら株式会社、合同会社、合資会社、合名会社のうちから選ぶことになりますね。合資会社、合名会社で設立する方はほとんどいらっしゃらないので、株式会社か合同会社のどちらかです。

 合同会社、ですか？

合同会社って意外といいかも

合同会社は、平成18年の会社法施行時に新設された形態です。

 合同会社って、何かNPOみたいな特殊な会社かと思ってました。

普通の会社ですよ。アマゾンジャパン、グーグルのような有名海外企業の日本法人も合同会社です。西友も合同会社ですね。

 株式会社じゃないんですね！

このあたりの企業は財務基盤がしっかりしていて外部からの資金調達の必要がないので株式会社である必要がないのでしょう。株主総会の必要がない、決算公告の必要がないというのも魅力でしょうね。

合同会社は株主と役員が一致しているから株主総会がいらないんですよね。

そうなんですよ。株主総会がなければハンシャ対策もいらないですし。

ハンシャ……ああ、反社会的勢力ですね。昔でいう総会屋さん。その対策がいらないのはいいですね。資金も問題ない、株主総会も決算公告もしなくていいなら合同会社を選びますよね。

決算公告ってなんですか？

株式会社は、定時株主総会が終わったら決算書を開示する義務があるんです。官報とか、日刊紙とかに掲載するんですよ。自社のホームページでもできますけど、定款に定めた方法で公告します。

株式会社って業績を公表しなきゃいけないんですか？

はい。資本金が5億円以上か負債が200億円以上の大会社でなければ損益計算書は必要はないですが、貸借対照表を公告する必要があります。

損益計算書を出さなくていいならそんなに気にしなくてもいいかな。

貸借対照表で当期利益はわかるし、それまでの業績もなんとなくわかっちゃいますよ。

そうなんだ🍀

株式会社は上場ができることに象徴されるように、外部から資金を集めることができますが、それだけ義務も多くなっています。主な違いはこんなところでしょうか。

	株式会社	合同会社
社会的認知度	高い	低い
意思決定	株主総会	総社員の同意
所有と経営	完全分離	同一
役員の任期	最長 10 年	任期なし
代表者名称	代表取締役	代表社員
決算公告	必要	不要
定款認証	必要	不要
設立費用	約 20 万円～	約 6 万円～

株式会社の方が設立費用が高いんですね。

株式会社は定款認証手数料が必要だったり、登録免許税が合同会社よりかかるので費用が大きくなってしまうんです。

役員の登記と株式会社の重任登記

他にも、株式会社のみの義務として役員の重任登記がありますが、こちらをご存じない方や忘れてしまう方も多いですね。

重任登記？

 会社の役員は登記が必要です。これは合同会社も同じですが、株式会社は株式の譲渡に制限がある会社の役員の任期は最長10年に延ばせるのですが、10年経ったらまた同じ人が役員になった、つまり、重任したとしても、再度登記が必要になります。

 10年ですか。忘れそうですね。

 合同会社はこの重任登記はありません。重任登記が手間だし登記代がもったいないからと合同会社を選ばれる方もいらっしゃいますね。

 役員って登記するんですね。

 代表取締役だと住所と氏名を登記する必要があります。

 住所もですか？

 役員全員ではなく、代表取締役の方のみです。合同会社の場合は代表社員ですね。

 プライバシーも何もあったもんじゃないですね。なんで住所まで？

訴訟や何らかのトラブルで会社と連絡が取れなくなった場合の連絡手段として代表の住所が使われる場合があるからといわれています。でも、引っ越しのときに登記をお忘れになってしまう方が多いんですよ。

そうそう、重任登記のときに気づいて一緒にすることがありますね🌀

登記懈怠（けたい）は裁判所から過料が科されますし、何も登記せず12年放置してしまうと登記官の職権でみなし解散とされてしまうので気を付けないといけないんですよ。

解散？

会社の登記を消されてしまうんです。

それは困りますね🌀

代表取締役？　代表社員？　CEO?

BtoBの場合、名刺に会社名とか「代表取締役」とか書いてあるのが大切になってきますけど、小林さんの場合はBtoCだから、あまり株式会社にこだわる必要はないかもしれないですね。

合同会社だと「代表取締役」という肩書は使えなくて、「代表社員」となります。

使えないんだ！……合同会社は代表「社員」？

 社員は役員と同義と考えてください。スタッフや従業員という意味で使われているのではないんですよ。

 税理士法人も代表の肩書は「代表社員」だから、従業員の代表？って不思議がられることがあるって言ってましたよ。

 税理士法人は、社員を税理士に限定した合名会社に準ずる特別法人なので、こちらも「社員」の意味はスタッフや従業員ではないんですよね。

 会社の形態によって、肩書が違うんですね。

 ええ。代表取締役という肩書は株式会社だけで使用する肩書です。

 知らなかった♪　それなら、たまに見かけますけど「CEO」って？

 「CEO」は「Chief Executive Officer」の略で、日本語では「最高経営責任者」と訳されますけど、会社法上ではこのような役職はないんですよ。

 じゃあ、名刺に CEO って書いてあるのは……？

海外取引の多い会社さんとか、あとはイメージでしょうか。代表権のない方が名刺にCEOと記載していることもありますね。

それって、表見代表取締役の問題がありますよね？

そうなんです。このような肩書を名刺に記載することは法律違反ではありませんが、善意の第三者から見て代表権があると見える人が行った取引に関し、一定の場合に、会社が責任を負うことは頭の隅に置いておいていただきたいところですね。

 もし、法人設立するなら株式会社と合同会社、どっちがいいのかな？

将来、お知り合いの方が経営には参画せず資金だけ拠出するとか、上場など外部からの資金調達をお考えでしたら株式会社をおススメします。

 そうか、合同会社は出資者と役員が一致してなきゃいけないんでしたね。

合同会社から株式会社に変更は可能なのですが、費用もかかりますし、役員以外の方からの出資を受ける可能性があるなら株式会社の方がよろしいかと。

 税金面では何かありますか？

税金の面では、株式会社も合同会社も変わらないですよ。

どっちが多いですか？

合同会社は平成18年にスタートした制度で、当初は知名度が低かったためにイメージで敬遠されがちでしたが、最近は有名企業も合同会社を選択している例もありますし、機関設計が柔軟な合同会社を選ばれる方も増えてきています。

機関設計をどうするか

そうそう、その機関設計ですが、どうするのがいいのか僕自身もイマイチわからなくて。

機関設計？

会社法に定められた「機関」を、どうやって設置するかの組み合わせを決定することですよ。

「機関」は、会社の運営や意思決定について行う株主総会・取締役・代表取締役・取締役会・監査役・監査役会・会計参与・会計監査人などのことです。

これらの機関は、必ず設置しなければいけないもの、会社の体制によって設置しなければいけないもの、任意で設置を選べるもの、に分かれていて、会社を設立する場合には、どのような経営方針にするのかを見越した上で会社法に即した機関設計を決める必要があります。

難しそう……。

株式会社と合同会社で大きく違うところですよね。

そうですね。合同会社では出資者である社員全員に代表権と業務執行権があります。誰もが代表のようなもので、出資額に関わらず決定権の強さは同じなのです。

決定権の強さが同じじゃあ話がまとまらないこともありそうですね。

混乱を避けるために定款に規定を置いて特定の人を代表社員に定めることができます。同様に、実際に業務を執り行う社員を制限するために業務執行社員を定めることもできます。

業務執行社員を置くとどうなるんですか？

そのほかの社員は原則として業務に携わることができなくなります。

業務執行社員以外の社員は株式会社の株主みたいになるイメージですかね。

そうですね。一方で株式会社は必ず株主総会を設置する必要があります。株主総会が最高意思決定機関となります。

所有と経営の分離ってヤツですよね。

ええ。株主総会以外をどうするか、ですが、取締役の人数が3名に満たないと取締役会の設置はできません。「株主総会」＋「取締役」からスタートして、取締役が3名になったところで取締役会と監査役を設置、というように変更していくのが良いと思います。

そうか、監査役も増えるんですよね。

取締役会を設置するには原則として監査役の設置も必要です。

監査役も今は任期を最長10年にできますよね。

昔は3年とか4年で大変でしたけど、今は株の譲渡制限のある会社でしたら最長10年ですね。

うーん、難しすぎる　法人にするって、いろんなことを考えないといけないんですね。

2 ｜ いちばんエラいのは株主

他人からの出資

実は、僕より前に独立した先輩から、独立するなら出資してもいいよって言われてるんですよね。

うわ、でた🌀

え、まずいですか？

まずくはないんですが、僕が担当してる関与先で、雇われ社長の会社があるんですけど、毎月毎月業績報告があって、業績が悪いとオーナーにかなり突っ込まれるらしくて、大変そうなんですよ。

アドバイスをもらえるのはいいと思うけれど、業績報告で詰められるのは嫌だなあ🌀

その分経営に対してめっちゃ真剣になりますけどね。飲み食いの交際費なんて1円もないし。

(笑)

そんなこんなで、他人資本はあんまり社長の自由がないというか……。

会社の所有者は株の所有者ですものね。

株を持っていないってイタいですね、支配権がないから社長の一存ではなんにも決められない。稼いだ利益って究極株主のものだから配当も必要だし、配当って経費にならなくてキャッシュを圧迫するだけだし。

配当って経費にならないんですか？

ええ。配当は利益の分配なので、支払っても経費にならないから税金は減らないんですよ。キャッシュが減るだけ。出資してもらうにしても一部にとどめたほうがいいと思いますよ。

合同会社ですと、出資する場合、役員に名を連ねる必要がありますが、株式会社でしたら役員になる必要はありませんので、ここが決定のポイントになりそうですね。

あんまり入り込まれると、自分の会社じゃなくなっちゃいますよね。

株を所有する＝経営権を持つ

株は持株比率によって会社への発言権が変わりますが、1/3 未満であれば経営に影響のある事項の決定権はないと考えていいと思います。

じゃあ、多額の出資は受けないほうがいいのか。

そうですね。出資者に株式を発行したとして、ずっと出資者が持っているなら別ですけど、やっぱりいらないとなった場合、勝手に知らない人に譲渡されても困りますので、非公開会社にしておいた方がいいですね。

非公開会社？

株式の譲渡には会社の承認を必要と定款で定めている会社のことです。合同会社は必然的に非公開会社となりますね。

 なるほど、その方が安心ですね。法人が自分のものであるためには株を持っている必要がありますもんね。法人を設立するにしても、最初は自分だけでいこうかな……。先輩が本気だったら断らなきゃ。断れるかな。

あ、そのときは僕を使ってください、「最初から出資を受けるのは税理士に反対された」って。

 え、いいんですか　将来、誰かから出資を受ける可能性もないわけじゃないし、そのときの経営の自由度を保ちたいから設立するなら株式会社にしておこうかなと思います。

1株いくらにすべき？

梅沢さん、質問してもよろしいかしら？

もちろんです。

1株5万円で発行する会社が多いのですが、税金的なところで何かあってみなさん5万円になさっているんでしょうか？

税金というより、おそらく額面株式1株の金額が5万円と決まっていた旧商法の影響かと。しいていうならば出資しやすさを考えてそのくらいが妥当ということなのかなあ。

税金的な面は気にしなくていいのですね。出資していただく可能性があるのであれば、出資しやすいように1株当たりの額を高くしない方がいいですね。

 どうしてですか？

もし、1株あたり100万円と設定してしまうと、1株所有するのに100万円用意しなくてはならなくなります。

小林さんが1株100万円出資して、オーナーも1株100万円で出資したら持株比率が50％になってしまって、経営権の問題が発生します。

1株5万円にしておけば小口での出資が可能になりますから、経営権に影響がでない株数での出資をお願いすることができます。

 なるほど。

増資時の注意点

将来、増資をする場合は発行価額に気を付けないとですね。会社がうまくいって会社の評価額が上がると株価も上昇する。額面金額で増資すると有利発行になってしまって、出資した人は課税されちゃうんですよ。

 有利発行？

1株の時価が3万円のときに1万円で発行するようなケースです。高い価値のものを安く手に入れるので有利発行。このケースだと2万円利得していることになるので、この部分に課税されるんです。

 確かにそうだけど、出資をして得したなんて言われないと気づかないですね。

有利発行は、新たに出資した人が会社とまったく関係ない個人なら一時所得だし、役員やスタッフなら給与所得とか退職所得だし、株主と親族なら贈与になったりするんで厄介なんです。

有利発行にならない発行価額っていくらなんでしょう？

時価で発行すれば問題ないです。上場会社と違って非上場会社は時価がわからないので、通常、財産評価基本通達で算出した価額を時価として考えます。

株って難しい🐝

会社の名前

会社の名前はお決まりですか？

会社の名前、いくつか候補を考えましたけど、考えるの楽しいですね。

登記に使用できる文字は限られていますから注意してくださいね。他の会社と被るといけないので、いくつか候補をお教えいただければ調べますので。

【登記で使用できる文字】
・漢字
・ひらがな
・カタカナ
・ローマ字（大文字及び小文字）
・アラビア数字
・一定の記号「&」（アンパサンド）、「'」（アポストロフィー）、「,」（コンマ）、「−」（ハイフン）、「.」（ピリオド）、「・」（中点）

記号はあまり使えないんですね。

これでも増えたんです。昔はローマ字すら使えなかったんですよ。

本店所在地、目的

本店所在地、といってもまだ店舗の場所が決まっていないんです。

その場合、ご自宅を本店所在地にする方が多いですね。

なるほど。

でも、ご自宅が賃貸の場合、契約で法人登記はダメ、となっている場合もあるのでその部分は確認していただきたいところになりますね。

早く家を探さないとだなあ。あと目的か……会社の目的はもちろん美容院の経営ですね。

そうですね。それが漏れると保健所で届出を出す時に大変です。

飲食店の許可のときもそんなのがありましたね。

ええ、なので「目的」って大事なんです。他にも将来行いそうな事業内容も記載しておいた方がいいですよ。書いておかないと、定款に記載のない事業を始める場合にはまた登記が必要になってしまい、登記代が発生しますので。

ネイルサロン、エステティックサロン、美容院の経営あたりかな。

そうですね。それなら大丈夫だと思います。たまに、スピリチュアル系の方とかだと、ご自身で創作した単語を入れようとなさることがあるんですけど、造語は認められないんですよ。誰が聞いてもわかる単語なら大丈夫です。

資本金はいくら？

あと、資本金の額ですね。

資本金ですか。資本金って何か目安ってありますか？

業種によってはいくら以上資本金が必要と銘打たれているものもありますが、そうではない場合 1,000 万円未満をおススメしています。

消費税の絡みですかね。

はい、1,000 万円ですと設立初年度から消費税が課税となってしまうので。

そんなこともあるんですね。

法人住民税の均等割もあります。資本金等の額 1,000 万円以下で従業員数が 50 人以下であれば 7 万円ですが、資本金が 1,000 万円を超えると 18 万円になってしまいますから。

 高っ 資本金が変わると税金が変わるなんて。

1,000 万円なんていらないですけど、借入したい場合とか、社会的信用を考えるとある程度は欲しいところなんですよね。そういえば自己資金、いくらご用意できてます？

 ……200 万円くらいなんです。

え、ちょっと少ないな 融資大丈夫かな。

 結婚するので、いろいろお金が他でかかっちゃうんです。通帳には 450 万円あるんですけど。

そっか、そうですよね。引っ越しもしなきゃですよね。

 年齢的にこれ以上待たせられないかなと。家庭を持つって考えたら、今の職場じゃどうなんだろうって考えて、独立しようって思ったんです。

そうすると事業計画を本気で練らないと。

そうそう、出資はお金ではなくモノでも可能ですよ。

モノで出資できるんですか？

はい。今、お手持ちの備品などで、事業に使用するモノ自体を出資するんです。現物出資といいますね。

そうですね。現物出資の額が500万円以下でしたら実際の資本金額と現物出資財産の評価額が妥当か調査する検査役の選任が不要ですし、それもアリですね。

共同経営には注意

共同で事業をやっていこう、という話もよくあるパターンですね。

気持ちわかりますよ。2人なら心強いですもんね。

このときに株の持分を50％、50％にしてしまうと、意見が合わなくなったときに身動きが取れなくなってしまうので、1％でいいから多く持って欲しいところです。

あー、そうですよね。でも、事業をスタートさせるときは仲良しだからどちらが強いか決めるのって難しいんだよなあ……共同でやるなら個人がいいなんて意見もありますよね。

？

１人が個人事業主で、１人が雇用される、という形態にするんですよ。必然的に事業主にいろんな決定権があることになるから。

なるほど。

でも共同の場合、株の持分の問題をクリアできるなら法人のほうがいいと思います。仲たがいしたときに、法人であれば、株主や社長が変わろうとも社外に関わる手間は発生しませんけど、個人事業主である方が店舗から脱退することになったら、店舗の契約から何から全てやり直しになってしまいますから。

個人事業主が店舗から脱退するなんてあるんですか？

ありますよ。店舗の他のスタッフが全員個人事業主ではない方についてしまった場合、個人事業主が脱退せざるを得ないですからねえ。

こわっ。

設立日と決算日

決算日はお決まりですか？

決算日って選べるんですか？

法人は自由なんですよ。個人は12月末だけど。美容院の繁忙期はいつですか？

繁忙期は3月から4月、あと12月。着付けもやるなら1月の成人式が忙しいお店もありますね。

そうすると、この時期に決算の着地見込みの打合せや棚卸しなんかをするのは大変ですよね。反対に閑散期は？

6月は湿気対策のストレートパーマ、7月8月は紫外線のケアでそれなりに忙しいので9月あたりですかね。

じゃあ、9月決算11月申告がちょうどいいかな。原則、法人は決算期から2か月以内に申告なんです。10月決算だと申告期限がお正月あけの1月4日あたりになるけれど、12月中にケリをつけたいし、そうすると日程がちょっとタイトなので。

じゃあ、9月ですね。

設立日はどうなさいます？

設立日か……考えてなかったですね。好きな日でいいんですか？

はい。昔は大安吉日を選ぶことが多かったんですけど、ご自身や奥様のお誕生日とか、記念日にする方が最近は多いですよ。ただ、気を付けていただきたいのが、登記を申請する日が設立日になりますので、土日祝日は登記所がお休みで登記できないので選べないんですよ。

消費税のことを考えると、できればまるまる1年間とりたいので10月設立にしたいんですが、1日設立はやめたいです。

法人って、個人と違って住民税均等割という赤字でも発生する税金があるんですよ。これはその都道府県・市区町村内に事務所等を有していた月数で按分するんですけど、1月未満の月がある場合は切捨てになるんです。通常均等割は7万円ですけど、設立日が1日じゃなければ64,100円になりますから。

5,900円浮くんですね。1回飲みに行けますね。

そうですね（笑）。法人設立にあたってのヒアリング事項は以上になります。

法人にするってこんなに大変なんですね！　勉強になりました。

事業展開としては株式会社かなと思いますが、あとは資金の問題を詰めましょう。醍醐先生、ありがとうございました。またご連絡しますね。

はい、ご連絡お待ちしていますね。

第6章　小林さんのまとめメモ

- 合同会社の方が株式会社より費用や手間が少ないが知名度はいまー歩か
- 合同会社だと「代表社員」。「代表取締役」は株式会社！
- 資本金の額や設立日で税金が変わるので注意

第7章

資金はどうする？

小林さんの自己資金の額を聞いた途端、なんだかそわそわしだした梅沢さん。一番大切なところを忘れていたようです。

1│独立後の予想を立ててみる

独立前にクレジットカードを作っておこう

資金調達を考えなきゃですね。普段なら事務所でご相談を受けると、まずヒアリングシートから入るので、先に確認する事項なんですけど、すっかり忘れてました。申し訳ないです

僕も、梅沢さんが来てくれるので甘えちゃってすいません。

いえいえ、僕のめっちゃ初歩的なミスで💦　まず、融資を受けるにあたって、社会保険料や税金、携帯代、クレジットカードなんかの滞納はないですか？　これがあると金融機関からお金を借りられないので。

前に、独立したいって話したとき、梅沢さんから滞納するな、貯金しろって言われてからかなり気を付けてるので滞納はないです。クレジットカードは極力使うのをやめてます。

よかった。ちょっと通帳を見せてください。……携帯代は毎月引き落とされてますね。クレジットカードの引き落としは最近はないですね。クレジットカードの滞納が過去5年以内にあると厳しいのですが、大丈夫ですか？

実は、昔に1回だけクレジットカードの支払いに残高が足りなかったことがあったんですよね。働きはじめて間もない頃だったから10年は経ってると思うんだけど……。

そしたら、CIC で確認しましょう。

CIC ？

クレジットカード会社の共同出資で運営されている信用情報機関ですよ。ここに自分の信用情報の開示を依頼して、情報が残ってなければ大丈夫です。

すごい、そんなことがわかるんですね。

あと、クレジットカードは解約しない方がいいですよ、独立直後は審査に通りにくくなって作れなくなるので。

わ、そうなんですね

住宅ローンも組めなくなるので、独立前に家を買うツワモノもいますよ。あ、新居は？

今のお店と遠くないところで出店したいので、近場のマンションを探してます。今のオーナーがお客さんを引き継いでいいって言ってくれてるんです。前から独立志望なのは言っていたし仕方ないよなって。

独立したあとだと借りられなくなったりするから、独立前に借りちゃってください。でも、いいオーナーですね。普通、お客さん引き継ぎ NG ですけど。

この業界、それが普通なはずなんですけど、しぶしぶOK出たんですよ。

今のお店はセット面が8面もあって、いつも混んでますし、スタイリストはオーナーに小林さん、1人ベテラン、あと3人いましたよね。オーナーが小林さんを仕方なしにも送り出すということは、小林さんが抜けても今のお店は損益分岐点を割らないんですよ。

損益分岐点？

損益分岐点って何？

損も益も出ない売上高のことですよ。売上高＝固定費＋変動費の状態のことです。

固定費……家賃や人件費など、売上が0円であっても発生する費用
変動費……売上に連動して増減する費用

変動費は売上と連動して増える経費。美容業だと液剤系ですね。シャンプーとかカラー剤。残業代は売上に連動していることが多いから変動費ともいえるんですけど、基本的に人件費は固定費で考えます。

美容業界は残業代ってないのが普通ですから考慮しなくて大丈夫ですよ。

安中先生に怒られそうだなあ🍀

安中先生？

今度ご紹介しますよ。社労士の先生です。

美容業界は原価率15％くらいなので、売上が100万円なら原価が15万円、家賃や人件費など原価以外が85万円のとき、損も益も出ない状態。100万円＝15万円＋85万円。それが損益分岐点なんです。

美容業界は売上の85％以内に原価以外の経費が収まっていれば赤字にならないってことですね。

業界平均だとそんな感じです。今のお店は2階だから賃料は抑えめでしょうし、借入も返し終わってるんじゃないかな？　オープンして何年ですか？

昨年10周年記念でしたよ。

やっぱり。借入はたいてい10年だから。返し終わってちょっと気持ちが大きくなってるんですよ。小林さんが抜けても利益が出るしキャッシュが回るんです。美容業界の独立はデフォルト。たぶん、お店が落ち着いているときに送り出したいんじゃないかな。

なるほど。

損益分岐点を理解しよう

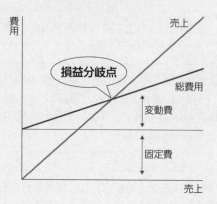

このような図を見たことはないでしょうか。こちらは経営分析を勉強すると必ず見る図です。わかってしまえば何のことはないのですが、見方がわからないうちは何のことかサッパリわからないと有名な図です。

縦軸が費用の額、横軸が売上の額です。売上は縦軸と横軸の交点から出ているのに、総費用線は交点の少し上から出ています。これは、店舗ビジネスなどを思い浮かべていただければわかりやすいのですが、売上がたとえ０円であっても、店舗家賃や人件費など、固定費が発生しているため、交点よりも少し上から費用線が出ています。

売上に連動して変動費は増加しますから、右に行くにしたがって額が増えますが、固定費は変わりませんのでずっと一定です。総費用線は変動費と固定費を足したもので、これが売上線と交わるところが損益分岐点です。売上＝総費用ですから、損も益もでない売上高はこの点になります。

経営分析の本などでは**損益分岐点売上高＝固定費÷｛(売上高−変動費)÷売上高｝**といった難しい算式が出ていますが、さほど難しいことはありません。｛　｝の中を分解してみましょう。(売上高−変動費)は売上総利益です。粗利と言った方がピンときやすいかもしれま

せんね。｛ ｝は粗利を売上高で割っていることになり、売上のうちの粗利の占める割合、粗利益率を表しています。粗利で固定費を賄えれば損は出ません。**損益分岐点売上高の式は固定費を粗利益率で割って、粗利＝固定費のときの売上高を計算しているだけなのです。**

店舗ビジネスは開業までの必要資金が大きい

オープンまでのだいたいの必要資金の額を出してみましょうか。店舗ビジネスの内装費用は坪単価40万円前後ですかねえ……どこまで凝るかによるんですけど。

セット面は4面で、15坪くらいと思ってます。

じゃあ、内装費用は600万円として、賃料はこのあたりなら20万円くらいですかね。これで試算してみましょうか。保証金が6か月、礼金が2か月分。仲介手数料が1か月。オープンまでの空家賃2か月と前家賃が1か月……240万円。

うわ、覚悟はしていたけど凄い額ですね。まあ、保証金は最後返ってくるから……。

いえ、そうじゃないことが多いんですよ。

え？

保証金は、償却が定められていることが多いんです。

償却ってなんですか？

大家さんの収入になるんですよ。賃貸契約を解約すると
きに返ってこないんです。

えー！

全額が取られてしまうわけではないですよ、20％くらい
です。

そうすると、20万円×6か月の20％だから24万円は
返ってこないんですね。

あと、気を付けたいのが更新料。だいたい新賃料の2か
月分。契約期間は2、3年が多いから、2、3年後には賃
料の他に2か月分とすると、別途40万円かかることに
なります。

更新料、高いですね。

毎月の賃料は約22万円弱、って考えておいて、貯めてお
かないと。ついでに、本契約を結んだらそれ以降売上が
上がってなくても賃料が発生しますからね。空家賃なん
て言ったりしますけど。さらに賃料は次月分を払うから
前家賃も必要ですよね。

店舗を借りるって、オープンするまでにすごい出費になるんですね。

さらに、不動産屋さんに仲介手数料がありますよ。

これと美容機器とかが250万円くらいと開業時の仕入とか事務用品、備品、雑貨とか。1,200万円弱くらいですかね。

店舗にかかる本契約からオープンまでの支出

内装費用	600万円	（設備）
美容機器類	250万円	（設備）
備品・消耗品・広告費・初月の仕入	100万円	
礼金	40万円	
保証金	120万円	（設備）
空家賃	40万円	（本契約からオープンまで2か月とする）
前家賃	20万円	
仲介手数料	20万円	（賃料の1か月とする）
合計	1,190万円	（うち設備資金970万円）

法人にすると出費がかさむ

開業時は思いのほかお金がかかります。内装も、最初の見積り通りならいいんですけど、できあがるにつれて、ここをこうして欲しいとか追加工事が出てしまって施工費も1割2割上がってしまうこともあるので、なるべくそこは抑えて。

覚悟していたつもりですが、すごい額ですよね。

 オープンして事業が軌道に乗るまで6か月が平均といわれていますから、その間の生活費も必要ですし。資金に余裕があるわけではないので、まずは個人事業主スタートで行きませんか？ 登記代とかの節約になりますから。

 ……。

 法人成りがモチベーションになるのはわかります。でも、法人は設立だけだって司法書士の手間賃含めて30万円くらいかかります。

 結構かかりますよね。

 小さいことを言えばインターネットバンキングも法人の方がお高めだし、自動車保険だって金額が上がってしまうんです。赤字でも均等割の最低7万円は税金が発生してしまうし。

 赤字でも税金？

 はい。それに、税理士報酬だって高い。

 そうでした、40万から50万円くらいでしたっけ。

僕が言うのもなんですけど、高いですよね。個人なら確定申告は自分で頑張ればなんとかなりますもん。社保負担や2年の消費税免税期間のこともありますし、いきなり法人って、僕はリスクが結構あると思うんですよ。

……そうですね。残念だけど、ない袖は振れないですよね。

個人事業主で行きましょう。でも、将来は絶対に法人にしましょうね！

ええ、そう遠くない将来、絶対に法人化します！

損益と手残りの予想をしてみよう

業界の平均値から推測して事業計画を作ってみましょうか。事業計画を作るときは、まず月ベースで作ります。いきなり年単位で考えると迷子になっちゃうので。

事業計画

（単位：円）

	オープン時／月
客単価	8,000
セット面	4面
シャンプー台	2台
来店人数／日	3人
月の稼働日数	26日
ヘアケア商品販売	50,000
スタッフ人数	
オーナー	1人
スタイリスト	0
アシスタント	0

月商	674,000
売上原価 15%	101,100
粗利	572,900
店舗家賃	200,000
人件費	0
減価償却費	91,000
水道光熱費	45,000
広告宣伝費	50,000
支払利息	15,000
経費合計	401,000
経常利益	171,900
償却前利益	262,900
借入返済	80,000
キャッシュ	182,900

 人件費が0というのは？

 個人事業主はお給料ではなくて、売上から費用を差し引いた残りが自分の手取りなので。人を雇ったらここに数字を入れます。

 キャッシュとは？

 経常利益と減価償却費を足した額を償却前利益っていうんですけど、そこから借入返済の元本分を引いたものです。**手残り**ですね。

 減価償却費って？

器具備品や内装などの額の大きいものの支払いは買った
ときだけですけど、何年も使えますよね。税金の世界だ
と支払ったときに全額経費にならずに、使える年数で按
分して経費にするんです。なので、減価償却費はキャッ
シュの流れと一致しないんです。

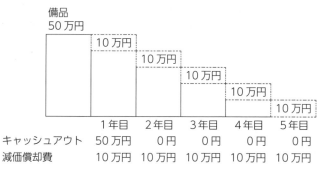

備品
50万円

	1年目	2年目	3年目	4年目	5年目
キャッシュアウト	50万円	0円	0円	0円	0円
減価償却費	10万円	10万円	10万円	10万円	10万円

たいてい、売上＝キャッシュが増える、経費＝キャッシュ
が減る、なので利益はどれだけキャッシュが残ったかと
一致するんですけど、減価償却費はキャッシュが出て行
かない経費なんです。

 利益をキャッシュに見立てるためには、減価償却費は利
益を減らしているけれど、キャッシュが出て行かないか
ら利益に足し戻す必要がある、というわけですね。借入
返済は？

借入返済って経費にならないんです。支払利息はなるん
ですけど。

 経費にならないんですか!? 借入して備品とか、内装設
備とか買ってるじゃないですか。

備品や内装設備は減価償却費によって少しずつ経費になるんですよ。

 あ、そうか　キャッシュを考えるときは、借入して購入した備品は減価償却費で経費になっていて、減価償却費は利益を減らすけれど、キャッシュが減らないから利益にプラス。借入返済はキャッシュは出ていくけれど経費にならないから利益にマイナス。……難しいな。

利益が負担しているのは経費なので、利益をキャッシュに見立てるためには、キャッシュとしては負担する必要のない減価償却費はプラスですし、利益が負担していない借入返済はマイナスしているんです。

 わかったようなわからないような。ともかく、僕の自由になるお金はこのキャッシュの金額ということか。

そうです。ちょっとこれだと生活が厳しいな……。月18万円くらいが手残りで、それが生活費。そこから、所得税、住民税、国保、国民年金、家賃払うとなくなっちゃいますね。連れて来れるお客さんって何人くらいですか？

 見込みとしては120人くらいは来てくれるんじゃないかと。

え、そんなに？　そしたら、この予想より1日の来店者数はもっといきませんか？

僕だけだと回しきれないんですよ。

人員の問題ですか。

そうなんです。実は、今のお店で2人連れて行ってくれっていう子がいるんですけど、スタイリストとアシスタントの子で、嬉しいですけどいきなり3人も抜けたらお店も大変だろうしと思って。

でも、今のお店ってスタッフ多くないですか？

スタッフはちょっと多めですね。

ついていきたいと言っている子たちは、今のお店で稼いでます？

頑張ってはいますけど、スタイリストの人数が多くて出番があまりないから、まだもうちょっとかな

そしたら、この際連れてっちゃってもいいかなと思いますね。そんなにお店に貢献できてないならその子の分の固定費がなくなるしオーナーも諦めますよ。でも、気になるのがその子たちがどんな子か、ですけど。

普通にいい子ですよ？

創業時のスタッフは、オーナーと価値観や仕事に対する方針で共通しているものがないと、かえってお店の足を引っ張る危険分子となる可能性があります。スタートアップ時はいろいろとイレギュラーなことも多いですし、それを一緒に乗り越えてくれるかどうか。

スタッフを雇用した場合

(単位：円)

	オープン時／月	軌道時
客単価	8,000	8,000
セット面	4面	4面
シャンプー台	2台	2台
来店人数／日	6人	8人
月の稼働日数	26日	26日
ヘアケア商品販売	50,000	50,000
スタッフ人数		
オーナー	1人	1人
スタイリスト	1人	1人
アシスタント	1人	1人
月商	1,298,000	1,714,000
売上原価15%	194,700	257,100
粗利	1,103,300	1,456,900
店舗家賃	200,000	200,000
人件費	483,000	483,000
減価償却費	91,000	91,000
水道光熱費	45,000	45,000
広告宣伝費	50,000	50,000
支払利息	15,000	15,000
経費合計	884,000	884,000
経常利益	219,300	572,900
償却前利益	310,300	663,900
借入返済	80,000	80,000
キャッシュ	230,300	583,900

よし、じゃあオーナーに言ってみます。ちょっとキャッシュに余裕がでますね。

でも、このキャッシュ、全部使えるわけじゃないですからね。国保、国民年金、所得税、住民税、家賃を払って、さらにボーナスの時期はもっと支出が膨らみますし。

 そうですね、そういう支出も考えておかなきゃいけないのか。生活費の資金繰りも気を付けてないと危ないな……。あとは融資大丈夫かな。

2 | 資金調達

どこから借りるの？

金融機関はこの償却前利益の部分を気にしてるんです。ちゃんと利益が出て、返済してくれるかどうか。この数字ならまず問題ないですよ。

創業で借入をするなら、民間金融機関のプロパーはまずムリ。シンポ付の民間融資か公庫の国民生活事業に申し込むのがメジャーな方法ですよ。

 プロパー？　シンポ？

民間の金融機関から借りるのをプロパー融資っていうんですけど、民間金融機関は創業融資を嫌がるんですよ。実績のないところに貸すのが怖いんです。

 そんな。じゃあどうしたらいいんですか？

そこで、国は信用保証協会というものを用意して、もし融資先が返済不能となっても、保証協会が代わりに返すからね、としたんです。それが信用保証協会付民間融資。略してシンポ付とかいうんですよ。でも一番多いのは公庫ですね。

公庫って？

日本政策金融公庫とは

公庫の正式名称は日本政策金融公庫。公庫は政府が100%出資している金融機関だから、民間の金融機関が敬遠しがちな創業融資などの融資もしてくれるんです。

じゃあ、公庫なら借りれるんだ。

いくら国がバックにあるからといってどんなケースでも貸してくれるわけではないですよ。条件として、**現在勤めている企業と同じ業種の事業を始める場合**とか、**自己資金があるか**、というところを見られますから。

だから貯金しましたよ〜。

創業するために資金をコツコツと準備するのは大変です。それだけ強い意志と情熱、計画性がある、ってことですもんね。

確かに、本気で自分の店を持ちたい、と思ってから本気になりました。でも結婚が重なっちゃって……いくら借りられるんでしょう？

公庫だと、創業資金総額の10分の1以上の自己資金を確認できる方って書いてあるので10倍まで貸してくれるって思っちゃうんですけど、貸してくれるのはたいてい自己資金の2〜3倍くらいまでなんですよ。

200万円の3倍なら600万円か。全然足りない

でも、今回小林さんはちゃんとコツコツ貯金してるんで、計画性は認めてもらえるはずだし、見込み客はいるし……あとは事業計画の実現可能性を認めてもらえるかですね。今のオーナーが独立に好意的なのはかなり大きいと思いますよ。

どの融資にするのか

日本政策金融公庫のホームページを見るといろんな制度がありますけど、僕はどれに当てはまるんでしょう？

創業の方におススメの融資はこんな感じです。

創業の方におススメの融資制度
・新規開業資金
・生活衛生新企業育成資金
・新創業融資制度
・女性、若者／シニア起業家支援資金
・中小企業経営力強化資金

「新規開業資金」には業種制限があって、美容業は使えないので、「生活衛生新企業育成資金」でいくことになりますかね。

生活衛生？

厚生労働省が所管する法律「生活衛生関係営業の運営の適正化及び振興に関する法律」で規定する飲食業、理・美容業、クリーニング業、ホテル・旅館業など18業種の営業のことを生活衛生関係営業と呼んでいるんですよ。

美容業は生活衛生関係営業なんですね。

はい。これらの営業は、いずれも国民の生活に不可欠なサービスや商品を提供していて、公衆衛生の見地から国民の日常生活に密接に関係しているから、これらの営業の経営の健全化、衛生水準の維持向上が国民生活の安定に寄与するとして一般とは別に扱っているんですよ。

生活衛生新企業育成資金（新企業育成・事業安定等貸付）〈特例貸付〉

ご利用いただける方	生活衛生関係の事業を創業する方又は創業後おおむね7年以内の方	
資金のお使いみち	振興計画認定組合の組合員の方	左記以外の方
	設備資金および運転資金	設備資金
融資限度額	振興事業貸付の融資限度額 設備資金　1億5,000万円〜 　　　　　7億2,000万円 運転資金　5,700万円	一般貸付の融資限度額 設備資金　7,200万円〜 　　　　　4億8,000万円
ご返済期間	設備資金　20年以内 運転資金　7年以内 〈うち据置期間2年以内〉	設備資金　20年以内 〈うち据置期間2年以内〉

（出典：日本政策金融公庫ホームページ）

振興計画認定組合の組合員ではない場合は右側になって、一般貸付の融資限度額は 7,200 万円〜 4 億 8,000 万円。でも、この額まで借りられるわけではないんです。

無担保・無保証人の場合は新創業融資制度になって、融資限度額は 3,000 万円。自己資金要件があって、創業資金の総額のうち 10 分の 1 以上を準備できないとダメなんです。

自己資金って、自分で準備したお金じゃないと意味ないんですよね？

親御さんからの贈与でも大丈夫ですよ。ただし、これは自分でコツコツと準備したお金じゃないので、そのあたりの評価は落ちるのと、本当に親御さんへ返済義務がないかどうかは確認されるので、贈与契約書とか贈与税の申告とかちゃんとしなきゃですけどね。

創業資金総額が 2,000 万円だとしたら、200 万円を用意すればいいんですね。

ええ、建前上は。実際はさっきお話ししたように、自己資金の 3 倍くらいまでしか貸してくれないことが多いんですよ。でも、今のオーナーも独立を認めてることだし、事業計画が実現可能で適正だと認めてもらえればいけるんじゃないかなと。

しぶしぶでも、オーナーが許してくれてよかったです。

ほんとですね。許してもらえなかったら初月売上の見込みが立たないですもんね。設備資金で 970 万円は借りたいですね。自己資金はちょっと少ないけれど、コツコツ貯めたお金だし、お客さんもいる。これだけ好条件がそろっていれば融資、希望額引っ張れるんじゃないかな？

新創業融資制度の概要

ご利用いただける方	次のすべての要件に該当する方 1．対象者の要件 　新たに事業を始める方または事業開始後税務申告を2期終えていない方 2．自己資金の要件 　新たに事業を始める方、または事業開始後税務申告を1期終えていない方は、創業時において創業資金総額の10分の1以上の自己資金（事業に使用される予定の資金をいいます。）を確認できる方 　ただし、「現在お勤めの企業と同じ業種の事業を始める方」、「産業競争力強化法に定める認定特定創業支援等事業を受けて事業を始める方」等に該当する場合は、本要件を満たすものとします。
資金のお使いみち	新たに事業を始めるため、または事業開始後に必要とする設備資金および運転資金
融資限度額	3,000万円（うち運転資金 1,500万円）
ご返済期間	各融資制度に定めるご返済期間以内
担保・保証人	原則不要 ※原則、無担保無保証人の融資制度であり、代表者個人には責任が及ばないものとなっております。法人のお客さまがご希望される場合は、代表者が連帯保証人となることも可能です。その場合は利率が0.1％低減されます。

（出典：日本政策金融公庫ホームページ）

女性、若者／シニア起業家支援資金・中小企業経営力強化資金

 女性、若者／シニア起業家支援資金って僕は使えないんですか？

 小林さんは 35 歳なので使えないんですよ。男性は 35 歳未満、つまり 34 歳までしか使えないんです。

 ガーン、そうなんですね。中小企業経営力強化資金というのは？

 認定経営革新等支援機関の指導や助言を受ける場合に使えます。うちの事務所は認定経営革新等支援機関なので使えますけど、あんまりメリットを感じないというか。

 令和 2 年の 3 月までは「2,000 万円までは無担保・無保証」でしたが、令和 2 年 4 月から無担保・無保証枠が 1,000 万円までとなってしまって。金利も優遇なくなっちゃいましたし、提出書類だの縛りが多いので新創業融資制度でいいかなと僕は思ってます。

中小企業経営力強化資金の概要

ご利用いただける方	次の1または2に該当する方 1．次のすべてに該当する方 　(1)　経営革新または異分野の中小企業と連携した新事業分野の開拓等により市場の創出・開拓（新規開業を行う場合を含む）を行おうとする方 　(2)　自ら事業計画の策定を行い、中小企業等経営強化法に定める認定経営革新等支援機関による指導および助言を受けている方 2．次のすべてに該当する方 　(1)　「中小企業の会計に関する基本要領」または「中小企業の会計に関する指針」を適用している方または適用する予定である方 　(2)　事業計画書を策定する方	
資金のお使いみち	「ご利用いただける方」に該当する方が、事業計画の実施のために必要とする設備資金および運転資金	
融資限度額	7,200万円（うち運転資金4,800万円）	
ご返済期間	設備資金	20年以内 〈うち据置期間2年以内〉
	運転資金	7年以内 〈うち据置期間2年以内〉

（出典：日本政策金融公庫ホームページ）

運転資金と設備資金

公庫に行く前に予習したいんですけど、運転資金と設備資金って何ですか？

家賃や人件費、原価など、通常の営業に必要な資金を運転資金っていいますね。

設備資金は？

土地や建物、機械や備品など設備を購入するときの資金ですね。小林さんの場合は内装や設備にかかる資金ですよ。

何が違うんですか？

貸してくれる期間の長さです。公庫の場合、融資期間が設備資金だと20年、運転資金だと7年と書いてありますけど、設備資金は実際のところ10年と考えてください。

ホームページに書いてあるのと実際は違うんですか？

創業融資は経営実績のない事業主に貸すので、なるべく期間は短く、リスクを少なく、といったところなんでしょう。

そうなんですね。

融資期間が短いと毎月の返済額が大きくなります。設備資金は額が大きくなりがちなので、できれば融資期間は長い方がいいんですよ。

なるほど。

設備資金だと使途が厳格に決定されるので、内装業者に支払う額が融資申込段階とズレると差額分の返金を求められます。業者への支払いは決定した額で申込みをしますから、運転資金よりも、根拠をしっかりと用意する必要がありますね。

物件探し

 いい物件が見つかったんですよ！

 よかったですね、どのあたりですか？

 ○○駅から徒歩2分です。前も美容院だったところなんです。賃料も予算内です。

 駅近は小林さんがターゲットにしている客層には必須項目ですね。今から行ってもいいですか？

 もちろんです！

＊＊＊＊＊＊＊＊＊＊＊＊＊＊＊＊＊＊＊＊＊＊＊＊＊＊＊＊＊＊＊＊

 本当に駅から近くていいですね。今のお店とは駅ひとつ離れているだけだから、引き継ぐお客さんも通いやすいだろうし。

 そうなんですよ。一目で気に入って、即、不動産屋さんにお願いして仮押さえしてもらいました。

 おお、素早い。本契約は融資が決まるまで待ってもらってくださいね。内装業者に見積りを急いでもらって、公庫に事前相談に行かないと。日程を詰めましょうか。

そうですね。そうだ、実は、彼女と話して、今はコロナ禍でもあるし、結婚式はしないことにしました。

えええっ？　いいんですか？　人生の一大イベントですよ？

そうなんですけど、彼女が、このコロナ禍に人を集めて、罹患者が出てしまったら結婚式を挙げたことを後悔するんじゃないかと、心のどこかで思っていた、と。開業資金が足りないというのは、式は挙げない方がいいって言われているんじゃないかって。なので、写真だけ撮ろうって言ってくれて。

うわ……ちょっと泣けますね。身近な家族の理解と協力は必須ですが、簡単に得られるものじゃありませんよ。これは借入のときの評価ポイントにもなります。

ほんとに、待たせた挙句、式なしなんて、頭が上がらないです。

じゃあ、事業を軌道に乗せて5年後とかにぱあっと派手にパーティしましょう！　5周年記念でスタッフ連れてハワイとか行っちゃいましょうよ！

ハワイいいですね！　経費にできます？

スタッフ連れならOKです！

やった！ 頑張りますよ。絶対に軌道に乗せます。

社員旅行でハワイに行こう！

　スタッフ（従業員）レクリエーション旅行の場合は、その旅行によってスタッフに供与する経済的利益の額が、少額の現物給与は強いて課税しないという少額不追及の趣旨を逸脱しないものであると認められ、かつ、その旅行が次のいずれの要件も満たすものであるときは、原則として、その旅行の費用を旅行に参加した人の給与ではなく、福利厚生費として処理することができます。

(1)　旅行の期間が 4 泊 5 日以内であること。

　海外旅行の場合には、外国での滞在日数が 4 泊 5 日以内であること。

(2)　旅行に参加した人数が全体の人数の 50％以上であること。

　工場や支店ごとに行う旅行は、それぞれの職場ごとの人数の 50％以上が参加することが必要です。

(注 1)　上記いずれの要件も満たしている旅行であっても、自己の都合で旅行に参加しなかったスタッフに金銭を支給する場合には、参加者と不参加者の全員にその不参加者に対して支給する金銭の額に相当する額の給与の支給があったものとされます。

(注 2)　次のようなものについては、ここにいうスタッフ（従業員）レクリエーション旅行には該当しないため、その旅行に係る費用は給与、交際費などとして適切に処理する必要があります。

　(1)　役員だけで行う旅行

　(2)　取引先に対する接待、供応、慰安等のための旅行

　(3)　実質的に私的旅行と認められる旅行

　(4)　金銭との選択が可能な旅行

　「スタッフに供する経済的利益の額」が一体いくらなら少額となるのかが問題となりますが、「No.2603　従業員レクリエーション旅行や研修旅行」（国税庁ホームページ）に掲載されている事例では、4泊5日以内で使用者（法人や個人事業主）負担が10万円以内であれば課税しなくてもよいとしています。

　行き先がハワイの場合、人気なのは4泊6日のようですが、機内泊分はカウントに入れなくて大丈夫ですので、この4泊5日に該当することになります。旅費は時期によって変動し、お手頃な時期であればハワイのツアー代金は20万円以内、ハイシーズンは30万円を超えますが、10万円を超える部分をスタッフの自己負担とすることで給与課税を避けることができます。

　個人事業主である小林さんの場合、ハワイに行く時期に奥様が事業専従者であればスタッフと同様の扱いとなり、奥様が事業専従者でない場合、旅費は全額自己負担となります。法人であっても、奥様が会社に所属していればスタッフと同様の扱いとなり、そうでなければ全額自己負担です。

　小林さん自身の旅費は、個人事業主であっても、会社の代表取締役であっても、スタッフの管理監督の名目で旅費を経費とすることが可能です。スタッフが参加しない場合は単なる家族旅行となり、経費にはなりません。

初めての自分の城に舞い上がらないで

内装の見積り出ましたよ！

わ、1,130万円！　内装工事代高いな

業者さんが、せっかく自分の城を持つんだからゴージャスにしたらどうかって！　セット面も個室っぽくして、ラグジュアリー感を出して、って！

落ち着いて小林さん。うーん。高過ぎるよなあ……。これでこの間の計画に数字を入れてみましょうか。

設備投資 1,500 万円（美容機器含む）返済期間 10 年

（単位：円）

	オープン時／月	軌道時
客単価	8,000	8,000
セット面	4 面	4 面
シャンプー台	2 台	2 台
来店人数／日	6 人	8 人
月の稼働日数	26 日	26 日
ヘアケア商品販売	50,000	50,000
スタッフ人数		
オーナー	1 人	1 人
スタイリスト	1 人	1 人
アシスタント	1 人	1 人
月商	1,298,000	1,714,000
売上原価 15%	194,700	257,100
粗利	1,103,300	1,456,900
家賃	200,000	200,000
人件費	483,000	483,000
減価償却費	135,000	135,000
水道光熱費	45,000	45,000
広告宣伝費	50,000	50,000
支払利息（金利 2.5%）	15,000	15,000
経費合計	928,000	928,000
経常利益	175,300	528,900
償却前利益	310,300	663,900
借入返済	180,000	180,000
キャッシュ	130,300	483,900

かなりキャッシュが厳しいですね。すぐに軌道に乗ればいいけれど、これじゃ生活できない。

設備投資が大きいから、借入返済が大きくなってしまうんですよ。今のお店のお客さんは、明るいリラックスできる雰囲気を好んで来てくれているでしょう？　個室っぽくして圧迫感出したら来なくなっちゃいますって。小林さんも今のお店の雰囲気が好きだって言ってたじゃないですか。

 そうですね🍃

業者を変えましょう。そもそもこんな額貸してもらえないだろうし。今のお店の業者、オーナーに紹介していただきましょうよ。

＊＊＊＊＊＊＊＊＊＊＊＊＊＊＊＊＊＊＊＊＊＊＊＊＊＊＊＊＊＊＊＊

 今働いているお店のコンセプトに似せていく感じでそれなりに僕の色を出していこうと考え直しましたよ。今の店舗の内装業者さんに見積りを出してもらいました。

ああ、よかった。見積り見せてください……内装代600万円、そうそう、これが相場ですよ。

あの場所は前も美容院だったそうですけど、なんで前のお店は出ることに？

 もっと大きなフロアのお店にしたいそうなんですよ。

それなら安心ですね。前も同業種の場合、業績不振で退出となると二の舞になる可能性もあるんですよね。店舗ビジネスはどうしても地理的な要因に左右される部分があるから。

 それは大丈夫だと思います。

居抜きになります？　スケルトン？

居抜きとスケルトン

　居抜きとは、前の賃借人が使用していた什器や設備の全て、または一部が残っておりそのまま使用できる状態の物件。スケルトンは前の賃借人が利用していた什器・設備などは一切なくビルの設備のみの物件。

 美容機器類は基本的に持っていくみたいです。

中途半端に居抜きだと、小林さんのやりたいように内装をするときに機材の運搬や保管代もかかるし、その方がありがたいですね。

 居抜きも思わぬ出費があるんですね。

よし、じゃあ次は人を雇う準備をしましょう。安中先生に会いに行きますよ。

第7章　小林さんのまとめメモ

- 独立前にクレジットカードを作って引っ越しを済ませておく
- 開業時の融資は日本政策金融公庫の国民生活事業
- 初めての自分の城に舞い上がらない

第8章

人を雇うときの
注意点

梅沢さんは今まで税理士としてたくさんの会社や個人
事業主を担当し、その中で人を雇うと大なり小なりト
ラブルがあることを見てきました。転ばぬ先の杖とし
て、小林さんに安中先生をご紹介することにしたよう
です。

---

1 | 人を雇うってコワイ！？

安中先生、今日はよろしくお願いします。こちらが新規に事業を始められる小林さんです。

初めまして、社会保険労務士の安中です！

安中先生

初めまして、小林です。よろしくお願いします。

売上を上げることばかりに夢中になってスタッフとうまくいかなくなって業績まで傾いてしまったり、社長が労務系の知識に疎いせいでスタッフとトラブルになって仕事どころじゃなくなってしまったりという会社も見たことがあるので、先生に注意点などを聞かせていただこうと思いまして。

承知しました。雇用なさるんですね？

はい、その予定です。

最近の労使トラブル上位３位

最近の労使トラブル上位３位って何だと思いますか？

なんだろう？　解雇ですかね？

この3つなんです。

労使トラブル上位3位
第1位　いじめ、嫌がらせ（いわゆるハラスメント）
第2位　解雇
第3位　残業代の未払問題

いじめですか!?　ちょっとビックリだな、中学校みたい🏫

僕は残業代にどきっとしましたよ、うちの業界はないのが当たり前だから。

美容業界だと練習の時間の扱いが問題になったりしますよね。会社（経営者側）は営業終了後の練習時間は勤務時間に含まないと思ってますけど、スタッフ側は強制的にやらされていると思っているパターンですね。

これ、まずいですよね？

残業代なんてもらったことないんですよ。

ですよね〜。でも、それってダメなんです。未払残業代請求の裁判は本当に増えているんですよ。

研修？　自主練？

そういうものだって思ってたからなあ……夜とか営業時間外の練習は技術がないのに教えてもらっているんだから、残業代をもらうのはなんだかおかしな気がするんですよね。

他の業種ですと、「研修」ってありますよね？　仕事しなくて勉強している状態でお給料がもらえているんです。営業時間後の練習はこれと同じなんですよ。

うーん、確かに。

この問題は第1位のハラスメントと相互に関連していることがほとんどです。会社側とスタッフのコミュニケーションが取れていないと発生しやすい問題です。会社が、スタッフに練習場所を提供しているだけなのか、会社側が受けることを強制している「研修」なのかを明確にしていないから生じるトラブルですね。

なるほど。研修としての残業か、自主練か。暗黙の了解というか、今のお店も店側のスタンスをちゃんと伝えられていないですね。

残念ですが、経営者とスタッフとの間には埋めようにも埋められない深い溝があります。利益を出さないヤツに給料をもらう資格はないと思うのが経営者ですが、スタッフは営業時間後も拘束されているんだからその時間分の対価をもらうのは当たり前だと考えています。経営者の気持ちは、スタッフには一生理解できないでしょう。

……自分も含め、スタッフってそうですよね。経営者になろうとして初めてわかるというか。

この深い溝を意識して経営者が埋める努力をしないと、トラブルになるんですね。

36協定

研修として残業させる場合は、36 協定があることが前提
です。よ。

 36 協定、聞いたことはあるけれど。

法定労働時間を超えて労働させる場合、または、法定の
休日に労働させる場合に、あらかじめ労使で書面によっ
て結ばなければならない協定のことです。この書面は所
轄労働基準監督署長に届け出ることが必要です。

 今のお店、あったかな？

届出を出さずにスタッフに時間外労働をさせて行政の調
査を受けた場合、6 か月以下の懲役または 30 万円以下の
罰金になることがありますよ。

 懲役

就業規則

人を雇うのでしたら、就業規則も作成した方がいいです
よ。常時 10 人以上の労働者を使用する場合、作成が義務
づけられています。

 当面の間、そんなにスタッフ増えないです、今回の出店
予定もこじんまりしたお店ですし。

いやでも、2店舗目3店舗目、狙うんですよね？

それでしたら、ぜひ早めに作成した方がいいですね。スタッフが休暇を取得する、遅刻をする、無断欠勤をする、はたまた退職してしまう、といった場合に会社はどのような対処をするのか、というルールが就業規則です。

スタッフが10人いなくてもルールは必要ですね。

場当たり的な対応はえこひいきしているとか、スタッフ内の不協和音や会社への不信感を生んでしまいますが、就業規則でルールを作っておけば防ぐことができます。

 確かに、スタッフ内で文句が出るのは対応が不公平なときです。

就業規則はよい会社をつくるためにも、会社を守るためにも必須ですよ。スタッフが横領や機密漏洩、取引先との不正な金銭の授受をしたとしても、就業規則でその場合はどのような処分をすると定めていなければ懲戒解雇はできないので。

 ええ！ そうなんですか。だって横領って犯罪じゃないですか。

刑事罰って、ある行為をするとこんな刑罰があると法律で定められてますでしょう？ それと同じで先に定めている必要があるんです。

あ、税金もそうですね。こういう場合はこういう税が課せられると決まってないと税金は課されない。

 就業規則って大事なんだ。

人を雇うなら就業規則は必須ですね。

試用期間であっても簡単には辞めさせられない

ともかく日本は雇い主側が弱い立場なんですよ。試用期間であっても辞めさせるのは大変ですから。

 試用期間でも!?

はい。

 会社と相性が合うかとか、やっていける能力があるかとかを見極めるためにあるのが試用期間なんじゃないんですか？

試用期間とはいえ、能力不足での解雇が認められるのは管理職や資格などの高いスキルを買われて入社したものの、高待遇には見合わなかった場合ですね。なんとなく合わないとか、平均的なスタッフの能力からは劣るくらいでは解雇できないんです。

 じゃあ、そのまま雇うことになるんですよね。試用期間ってなくても一緒じゃないですか。

そのくらいに考えていた方がいいかもしれません。ちょっと落ちこぼれ程度でしたら、会社で教育して育てる努力をしなくてはならないんですよね。

中小零細にはキツいなあ。

協調性があまりにもなく、上司の指示にもことごとく反抗したりするなど勤務態度が悪過ぎる、遅刻・無断欠勤が多すぎるような場合は解雇が認められるケースもありますけど、「勤務態度が悪い」とは、どのような状態にあることを指しているのかを就業規則の服務規律に明記してあるかどうか、また、これに反していることが第三者から見ても明らかであることが重要です。

通常、解雇って1か月分のお給料を払いますけど、試用期間中でも払うんですか？

試用期間中であっても採用から2週間経っていると通常の解雇と同じく30日前に予告する、もしくはその代わりに、解雇予告手当として30日分以上の平均賃金を支払うことが義務付けられています。

まず退職勧奨をしてみる

できれば払いたくないし、退職後のトラブルも起こしたくないじゃないですか。この子はうちじゃやっていけそうにないな、と思ったら退職勧奨するんです。ここでスタッフが退職勧奨に合意してくれれば払わなくてすみますよ。

退職勧奨って何ですか？

解雇は会社が一方的に労働契約を終了することですが、退職勧奨は会社がスタッフに退職するように促すことです。促されてスタッフが「退職します」といえば双方合意で労働契約を終了させることになります。

なるほど。解雇は会社が一方的に切るから解雇予告手当か30日の猶予を与えないといけないのか。退職勧奨なら双方合意で問題はナシ。

懲戒解雇なら解雇予告手当はいらないんですよね？

いえ、懲戒解雇でも解雇予告手当が必要なんですよ。労基署による除外認定を受ければ即時解雇が可能ですが、現実的には除外認定の審査に30日以上かかったり、認められないケースも多いので。

そうなんですね！　間違って覚えていましたよ。

懲戒解雇と普通解雇の違い

勘違いしている方が多い部分です。あと、懲戒解雇ならキャリアアップ助成金のような助成金がもらえて、普通解雇だともらえなくなると思ってらっしゃる方も多いんですけど、普通解雇であってもスタッフに原因があるのであればもらえますよ。

キャリアアップ助成金……非正規労働者の正社員化、人材育成、処遇改善
　　　　　　　　　　　　などの取組みに対して国から支給される助成金

普通解雇であっても助成金がもらえることもあるんですね。よかった、教えていただいて。間違えたアドバイスをするところでしたよ。

普通解雇と懲戒解雇って何が違うんですか？

どちらも会社が一方的に労働契約を終了させるのですが、普通解雇は能力不足や身体・精神の障害により業務に耐えられないなど、労働者の債務不履行を理由とした解雇です。

懲戒解雇は企業秩序を損なわせるような非違行為があったために、企業秩序を維持するために制裁を下す必要性が生じ、その制裁処分として解雇することですね。

わかったような、わからないような。

懲戒解雇は公務員や大企業を思い浮かべていただけると理解しやすいかなと思うんですけど、問題行為をしたスタッフを会社は許さないというスタンスを内外に示す意味合いがあります。公務員の場合は正しくは懲戒免職ですね。

懲戒解雇は制裁的な意味合いが強いんですね。

そうですね。就業規則に定めていることが前提ですが、懲戒解雇はとんでもない悪事をやらかしたときは退職金を支払わないことも認められます。

それは大事かも。他の従業員の士気に関わりますよね。

身元保証人は必要？

 そうだ、僕が今勤めてるところって、入社するときに身元保証人をつけてもらってるんですけど、あれって必要ですか？

身　元　保　証　書

御中

本人　現住所

氏　名　　　　　　　　　　　㊞

生年月日　　　　　年　　月　　日

　　私　　　　　　は、このたび御社に採用される○○○○が、法令、御社の諸規則、及び御社との合意事項を遵守することを、身元保証人として保証します。

　　本人が故意又は過失により御社に損害を与えた場合は、身元保証人として本人と連帯して賠償の責を負いますことを誓約します。ただし、保証限度額は○○○円までとします。

　　本件身元保証の期間は、本日より5年間とします。期間満了後も本人が引き続き御社に勤務する場合には、期間満了に際して、本契約を5年間、更新し、改めて保証書を差し入れることとします。

令和　年　月　日

　　　　身元保証人　住　　所

氏　名　　　　　　　　　実印

生年月日　　　　年　　月　　日

本人との続柄

はい、いただいた方がいいと思いますよ。

身元保証書って、どんな意味があるんですか？

身元保証契約はスタッフが会社に対して損害賠償義務を負う場合に備えて、スタッフの親族などを身元保証人とし、損害を賠償してもらうために締結するものなんです。美容院は現金を扱いますからいただく方がよろしいかと。

確かに。

実際に損害賠償義務を果たしてもらうかはともかくとして、スタッフが、自分が悪いことをすると保証人に迷惑がかかるというのは抑止力にはなるでしょうね。

それはありますね。

契約は5年が最長です。自動更新はないので、再度契約を締結する必要があります。気を付けていただきたいのが令和2年の民法改正です。令和2年4月からは、身元保証人の賠償額の上限を決めないといけません。会社と身元保証人の間で、賠償額の合意が必要になります。

じゃあ、いくらまでって明確にする必要があるんですね。でも、いくらにすればいいんだろう？

1億円でも法律的には問題ないのですが、保証人のなり手が見つからないと思いますし、安すぎても意味がないので、100万円とか、月給の5か月分とか、多すぎないけど少なすぎるわけでもない、といった額をおススメしています。

2 | 人を雇うときの手続き

社会保険は4種類

安中先生のお話をお伺いして、これは人事労務に気を付けなきゃって思いましたよ。

そうなんですよね。事業拡大するには雇用って必須なんですけど、トラブルのもとになる可能性があるというか。

梅沢さんに安中先生に会うべきだと勧められたときは必要ないかもと思っていたんですけど、お会いしてよかった。人を雇うってコワイな（笑）。

ほとんどがコミュニケーション不足が招いているトラブルです。社長さんの意識が高ければ回避できることですから、闇雲に怖がらずに正しく怖がってくださいね（笑）。次はあまり面白くない手続き系のご説明に入らせていただきますね。

さすが安中先生、それ先に聞かされてたら寝ますよね（笑）。

でしょー（笑）。スタッフを雇用した場合には、個人事業主であっても法人であっても、労災保険と雇用保険への加入が必要です。

労災保険と雇用保険？　あれ？　個人事業主だと社保っていらないんじゃなかったっけ？

社保は健康保険、厚生年金、労災保険と雇用保険を総称しているときと、健康保険と厚生年金のみを指して、労災保険と雇用保険を労働保険というときもありますね。

個人事業主であっても、スタッフが5人以上になったら健康保険と厚生年金の加入が必要ですし、スタッフが5人未満であっても労災保険と雇用保険は加入する必要がありますよ。

 個人事業主も労災保険と雇用保険は加入しなきゃいけないんですね。

労災保険

労災保険は、仕事中や通勤中にケガや病気になった場合に、療養費や収入を補償するものです。スタッフが死亡した場合には遺族に給付金が支払われます。これは雇用形態問わず全員加入で、保険料は全額事業主が負担です。

 健康保険や厚生年金、雇用保険はスタッフも負担するのに労災保険は事業主のみなんだ。

原則として、労災保険はスタッフのみが対象です。雇い主自身が加入したい場合は、特別加入制度で加入する必要がありますね。

 特別加入？

労働保険事務組合に事務委託するか社会保険労務士を通じて労働保険事務組合に加入すると法人の社長も個人事業主も労災保険に加入できます。スタッフと同様の業務内容に従事していたときに保険事故が発生することが保険給付の条件となります。

じゃあ、ゴルフの接待中に倒れた場合はダメなんですね。

ゴルフの接待は社長としての業務ですものね。なので、民間の傷害保険と悩まれる方もいらっしゃいますね。

労災保険はスタッフを雇用して10日以内に店舗住所地の管轄の労働基準監督署へ「保険関係成立届」を提出します。同時に「概算保険料申告書」も提出してくださいね。

保険関係成立届

様式第1号（第4条、第64条、附則第2条関係）(1)（表面）

（別紙）

	提出用
	年 月 日

労働保険
O：保険関係成立届（継続）（事務処理委託届）
1：保険関係成立届（有期）
2：任意加入申請書（事務処理委託届）

⑯種別 `3 1 6 0`

労働局長
労働基準監督署長
公共職業安定所長　殿

下記のとおり
(イ) 届けます。（31600又は31601のとき）
(ロ) 労災保険
(ハ) 雇用保険 の加入を申請します。（31602のとき）

※修正項目番号　※修正項目番号　※漢字　※労働保険番号
都道府県　所掌　管轄(1)　基幹番号　枝番号

事業所

⑰ 住所〈カナ〉
郵便番号
住所 市・区・郡名
住所（つづき）町村名
住所（つづき）丁目・番地
住所（つづき）ビル・マンション名等

⑱ 住所〈漢字〉
住所 市・区・郡名
住所（つづき）町村名
住所（つづき）丁目・番地
住所（つづき）ビル・マンション名等

⑲ 名称・氏名〈カナ〉
名称・氏名
名称・氏名（つづき）
名称・氏名（つづき）
電話番号（市外局番）　（市内局番）　（番号）

⑳ 名称・氏名〈漢字〉
名称・氏名
名称・氏名（つづき）
名称・氏名（つづき）

① 事業主	住所又は所在地	
	氏名又は名称	

② 事業の名称	郵便番号	
	所在地	
	電話番号　　　　番	

③ 事業の概要

④ 事業の種類

⑤ 加入済の労働保険
(イ) 労災保険
(ロ) 雇用保険

⑥ 保険関係成立年月日
（労災）年 月 日
（雇用）年 月 日

⑦ 雇用保険被保険者数
一般・短期　　人
日雇　　人

⑧ 賃金総額の見込額　千円

委託事務組合	所在地	
	電話番号　　　番	
	名称	
	代表者氏名	記名押印又は署名 ㊞

⑩委託事務内容

⑪事業開始年月日　年 月 日
⑫事業廃止年月日　年 月 日

⑬建設の事業の請負金額　円

⑭立木の伐採の事業の素材見込生産量　立方メートル

⑮ 発注者	郵便番号	
	所在地	
	電話番号　　　番	

㉑ 保険関係成立年月日（31600又は31601のとき）
※ 任意加入認可年月日（31602のとき）（元号・令和は9）
元号　年　月　日

事務処理委託年月日（31602のとき）
事業終了予定年月日（31601のとき）（元号・令和は9）
元号　年　月　日

㉒ 常時使用労働者数　十 万 千 百 十 人

※保険関係等区分（31600又は31602のとき）

㉓ 雇用保険被保険者数（31600又は31602のとき）
十 万 千 百 十 人

※片保険理由コード（31600のとき）

㉕ 加入済労働保険番号（31600又は31602のとき）
都道府県　所掌　管轄(1)　基幹番号　枝番号

㉗ 適用労働保険番号1
都道府県　所掌　管轄(1)　基幹番号　枝番号

㉘ 適用労働保険番号2
都道府県　所掌　管轄(1)　基幹番号　枝番号

※雇用保険の事業所番号（31600又は31602のとき）

※府県区分（31600又は31602のとき）
※特掲コード（31600又は31602のとき）
※管轄(2)（31602のとき）
※業種（31600のとき）
※業種
※産業分類（31600又は31602のとき）
※データ指示コード
※再入力区分

※修正項目（英数・カナ）

※修正項目（漢字）

事業主氏名（法人のときはその名称及び代表者の氏名）　記名押印又は署名 ㊞

※受付年月日（元号・令和は9）
元号　年　月　日

㉙ 法人番号

158

概算保険料申告書

様式第6号（第24条、第25条、第33条関係）（甲）(1)（表面）

労働保険　概算・増加概算・確定保険料　申告書
石綿健康被害救済法　一般拠出金

下記のとおり申告します。

継続事業
（一括有期事業を含む。）

標準字体 0 1 2 3 4 5 6 7 8 9

第3片「記入に当たっての注意事項」をよく読んでから記入して下さい。
OCR枠への記入は以上の「標準字体」でお願いします。

提出用

※各種区分

あて先 〒

労働保険特別会計歳入徴収官殿

⑦ 確定保険料算定内訳

⑦ 区分　⑧ 保険料・一般拠出金算定基礎額　⑨保険料率・一般拠出金率　⑩ 確定保険料・一般拠出金額（⑧×⑨）

労働保険料 / 労災保険分 / 雇用保険分（高年齢労働者分 / 保険料算定対象者分）/ 一般拠出金

⑪ 概算・増加概算保険料算定内訳

区分　⑫ 保険料算定基礎額の見込額　⑬ 保険料率　⑭ 概算・増加概算保険料額（⑫×⑬）

労働保険料 / 労災保険分 / 雇用保険分

⑱ 申告済概算保険料額　⑲申告済概算保険料額　㉑増加概算保険料額　㉒法人番号

事業又は作業の種類

保険関係成立年月日　事業廃止等理由

保険関係成立届と概算保険料申告書は特殊用紙での申請が求められているのでダウンロードはできないんです。労働基準監督署から取り寄せる必要があります。

雇用保険

 あと、雇用保険ですよね。これはスタッフが会社を辞めたときに給付が受けられるんですよね？　今回、僕も今のお店を辞めることになるんですけど、もらえますか？

 求職活動をしながら創業準備をなさる場合には給付対象となることもあり得るのですが、小林さんの場合は求職活動をなさらないので当てはまらないかと……。

 残念。ま、仕方ないですね。

 雇用保険は勤務開始から最低 31 日以上働く見込みがあり、1 週間に 20 時間以上働くスタッフを雇用した場合に加入が必要となります。加入対象にならないのは、会社の代表者や取締役、自営業の個人事業主とその家族などですね。昼間の学生さんも 20 時間以上働いてもダメです。

 家族はダメなんですか？　役員じゃなくても？

 キホン的にはそうですね。

 店舗の住所地の管轄のハローワークへ「雇用保険適用事業所設置届」を雇用して 10 日以内に提出、「雇用保険被保険者資格取得届」を雇用した月の翌月 10 日までに提出してくださいね。

雇用保険適用事業所設置届

雇用保険適用事業所設置届

（必ず第2面の注意事項を読んでから記載してください。）

※ 事業所番号

下記のとおり届けます。

公共職業安定所長 殿

令和　　年　　月　　日

帳票種別
```
1 2 0 0 1
```

1. 法人番号（個人事業の場合は記入不要です。）

2. 事業所の名称（カタカナ）

事業所の名称〔続き（カタカナ）〕

3. 事業所の名称（漢字）

事業所の名称〔続き（漢字）〕

4. 郵便番号

5. 事業所の所在地（漢字）※市・区・郡及び町村名

事業所の所在地（漢字）※丁目・番地

事業所の所在地（漢字）※ビル、マンション名等

6. 事業所の電話番号（項目ごとにそれぞれ左詰めで記入してください。）

市外局番　市内局番　番号

7. 設置年月日　（3 昭和 4 平成 / 5 令和）
元号　年　月　日

8. 労働保険番号
府県　所掌　管轄　基幹番号　枝番号

※公共職業安定所記載欄

9. 設置区分（1 当然 / 2 任意）

10. 事業所区分（1 個別 / 2 委託）

11. 産業分類

12. 台帳保存区分（1 日雇被保険者のみの事業所 / 2 船舶所有者）

13. 事業主
（フリガナ）
住所（法人のときは主たる事業所の所在地）
（フリガナ）
名称
（フリガナ）
氏名（法人のときは代表者の氏名）
記名押印又は署名 印

14. 事業の概要（漁業の場合は漁船の総トン数を記入すること）

15. 事業の開始年月日　令和　年　月　日

※事業の16. 廃止年月日　令和　年　月　日

17. 常時使用労働者数　　人

18. 雇用保険被保険者数　一般　人／日雇　人

19. 賃金支払関係　賃金締切日　日／賃金支払日　当・翌月　日

20. 雇用保険担当課名　　課係

21. 社会保険加入状況　健康保険／厚生年金保険／労災保険

備考　　　所長　次長　課長　係長　係　操作者

（この届出は、事業所を設置した日の翌日から起算して10日以内に提出してください。）

2019. 5

雇用保険被保険者資格取得届

様式第2号

雇用保険被保険者資格取得届

標準字体 ０１２３４５６７８９

（必ず第2面の注意事項を読んでから記載してください。）

帳票種別 １９１０１

1. 個人番号 ☐☐☐☐☐☐☐☐☐☐☐☐

2. 被保険者番号 ☐☐☐☐ － ☐☐☐☐☐☐ － ☐

3. 取得区分
（ 1 新規
  2 再取得 ）

4. 被保険者氏名 フリガナ（カタカナ）

5. 変更後の氏名 フリガナ（カタカナ）

6. 性別
（ 1 男
  2 女 ）

7. 生年月日
元号 ☐☐ － ☐☐ － ☐☐
（ 2 大正
  3 昭和
  4 平成
  5 令和 ）
年　月　日

8. 事業所番号 ☐☐☐☐ － ☐☐☐☐☐☐ － ☐

9. 被保険者となったことの原因

1 新規／新規雇用（学卒）
2 新規雇用（その他）
3 日雇からの切替
7 その他
8 出向元への復帰等（65歳以上）

10. 賃金（支払の態様－賃金月額：単位千円）
百万 十万 万 千円
（ 1 月給 2 週給 3 日給
  4 時間給 5 その他 ）

11. 資格取得年月日
元号 ☐ ☐☐ ☐☐ ☐☐
年　月　日
（ 4 平成
  5 令和 ）

12. 雇用形態
1 日雇　5 派遣
2 パートタイム　6 有期契約労働者
3 季節的雇用
6 船員　7 その他

13. 職種
（01～11）
第2面参照

14. 就職経路
1 安定所紹介
2 自己就職
3 民間紹介
4 把握していない

15. 1週間の所定労働時間
時間　分

16. 契約期間の定め
1 有　契約期間 元号 ☐ ☐☐ ☐☐ ☐☐ から 元号 ☐ ☐☐ ☐☐ ☐☐ まで
年　月　日　　　　　年　月　日
契約更新条項の有無 （ 1 有
2 無 ）
（ 4 平成　5 令和 ）

2 無

事業所名 [＿＿＿＿＿＿＿] 備考 [＿＿＿＿＿＿＿]

17欄から23欄までは、被保険者が外国人の場合のみ記入してください。

17. 被保険者氏名（ローマ字）（アルファベット大文字で記入してください。）

被保険者氏名〔続き（ローマ字）〕

18. 在留カード番号 （在留カードの右上に記載されている12桁の英数字）

19. 在留期間 ☐☐☐☐ ☐☐ ☐☐ まで
西暦　年　月　日

20. 資格外活動許可の有無 （ 1 有
2 無 ）

21. 派遣・請負就労区分
（ 1 派遣・請負労働者として主として当該事業所以外で就労する場合
  2 1に該当しない場合 ）

22. 国籍・地域（＿＿＿＿＿）

23. 在留資格（＿＿＿＿＿）

※公安記定職載業所欄

24. 取得時被保険者種類
1 一般
2 短期常態
3 季節
11 高年齢被保険者（65歳以上）

25. 番号複数取得チェック不要
チェック・リストが出力されたが、調査の結果、同一人でなかった場合に「1」を記入。

26. 国籍・地域コード
22欄に対応するコードを記入

27. 在留資格コード
23欄に対応するコードを記入

雇用保険法施行規則第6条第1項の規定により上記のとおり届けます。

事業主
住所
氏名
記名押印又は署名　印

令和　年　月　日

公共職業安定所長　殿

電話番号

社会保険労務士記載欄	作成年月日・提出代行者・事務代理者の表示	氏　名	電話番号
		印	

※
所長	次長	課長	係長	係	操作者

備考

確認通知　令和　年　月　日

2020. 11

162

健康保険と厚生年金保険

健康保険と厚生年金保険、こちらはご存じかと思います
が、健康保険は業務以外のケガや病気、出産、死亡など
に備える保険で、厚生年金保険は高齢になったとき、障
害が残ったとき、死亡したときに本人や遺族に対して年
金や一時金が支払われる保険です。

●健康保険・厚生年金保険の対象者

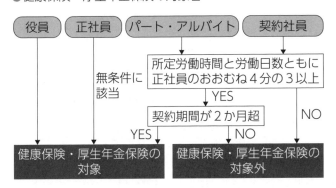

正社員以外の場合、労働時間や労働日数、契約期間によっ
て加入するかどうか変わりますので気を付けてください
ね。

採用日から5日以内に「健康保険・厚生年金保険　被保険者資格取得届」を年金事務所へ提出します。

健康保険・厚生年金保険　被保険者資格取得届

様式コード			
2 2 0 0	健康保険 厚生年金保険	被保険者資格取得届	
	厚生年金保険	70歳以上被用者該当届	

令和　　年　　月　　日提出

提出者記入欄

事業所 整理記号	—	事業所 番号		受付印
事業所 所在地	届書記入の個人番号に誤りがないことを確認しました。 〒　　—			
事業所 名称				
事業主 氏名		社会保険労務士記載欄		
電話番号	（　　）	氏名等		

被保険者1

①被保険者整理番号	②氏名 （フリガナ）（氏）　　　　（名）	③生年月日 5.昭和 7.平成 9.令和 年　月　日	種別 1.男 2.女 3.坑内員 5.男（基金）6.女（基金）7.坑内員（基金）
④取得区分 1.健保・厚年 3.共済出向 4.船保任継 個人番号基礎年金番号		⑤取得（該当）年月日 9.令和 年　月　日	被扶養者 0.無　1.有
⑥報酬月額 ⑦(通貨)　　　円 ⑦(現物)　　　円 ⑧合計 ⑦+⑦ 円	備考 該当する項目を○で囲んでください。 1.70歳以上被用者該当 2.二以上事業所勤務者の取得 3.短時間労働者の取得（特定適用事業所等） 4.退職後の継続再雇用者の取得 5.その他（ ）		
⑨住所 日本年金機構に提出する際、個人番号を記入した場合は、住所記入は不要です。 〒　—　 （フリガナ）			理由 1.海外在住 2.短期在留 3.その他（ ）

被保険者2

①被保険者整理番号	②氏名 （フリガナ）（氏）　　　　（名）	③生年月日 5.昭和 7.平成 9.令和 年　月　日	種別 1.男 2.女 3.坑内員 5.男（基金）6.女（基金）7.坑内員（基金）
④取得区分 1.健保・厚年 3.共済出向 4.船保任継 個人番号基礎年金番号		⑤取得（該当）年月日 9.令和 年　月　日	被扶養者 0.無　1.有
⑥報酬月額 ⑦(通貨)　　　円 ⑦(現物)　　　円 ⑧合計 ⑦+⑦ 円	備考 該当する項目を○で囲んでください。 1.70歳以上被用者該当 2.二以上事業所勤務者の取得 3.短時間労働者の取得（特定適用事業所等） 4.退職後の継続再雇用者の取得 5.その他（ ）		
⑨住所 日本年金機構に提出する際、個人番号を記入した場合は、住所記入は不要です。 〒　—　 （フリガナ）			理由 1.海外在住 2.短期在留 3.その他（ ）

①被保険者整理番号	②氏名 （フリガナ）（氏）　　　　（名）	③生年月日 5.昭和 7.平成 9.令和 年　月　日	種別 1.男 2.女 3.坑内員 5.男（基金）6.女（基金）7.坑内員（基金）

採用したスタッフに配偶者や子どもがいて健康保険で被扶養者とする場合は「健康保険被扶養者届」、配偶者を第3号被保険者とする場合は「国民年金第3号被保険者関係届」も提出します。

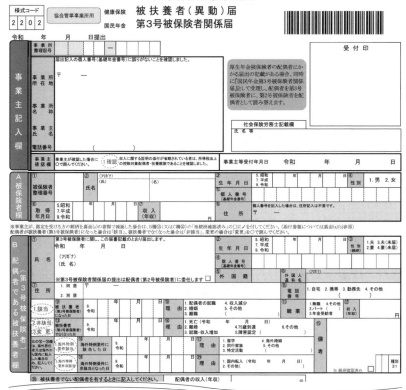

「国民年金第3号被保険者関係届」を単独で提出する場合

国民年金第3号被保険者関係届

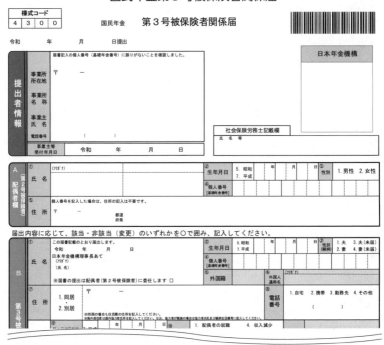

給与計算は間違うとスタッフから信用をなくす

スタッフが会社で働いてくれているのはお給料がもらえるからですよね。お給料を間違えるとスタッフからの信用をなくしますから気を付けてくださいね。

確かに。

基本給、残業代や交通費など支給総額から、源泉所得税、住民税、社会保険料などを差し引いて計算しますけど、社保は率が年の途中で変わりますし、お給料のベースアップがあった場合なども額が変わりますから結構気を遣うんですよ。

166

【1年の給与計算】

4月　新入社員　給与所得者の扶養控除等（異動）申告書記入、
　　　労働保険（法人の場合、社保）加入手続き

5月　住民税の特別徴収税額の通知（市区町村より）

6月　納期の特例による住民税の納付（従業員10名未満）
　　　労働保険の年度更新（6/1〜7/10）

7月　納期の特例による源泉所得税の納付（従業員10名未満）
　　　算定基礎届の提出（法人）
　　　労働保険料の第1期納付
　　　賞与支払い
　　　賞与支払届の提出（法人）

8月　社保の標準報酬月額の決定通知（法人）

10月　労働保険料の第2期納付

12月　年末調整
　　　賞与支払い
　　　賞与支払届の提出（法人）
　　　納期の特例による住民税の納付（従業員10名未満）

1月　給与支払報告書の提出（市区町村）
　　　納期の特例による源泉所得税の納付（従業員10名未満）
　　　労働保険料の第3期納付

毎月の健康保険・厚生年金保険料を計算するときには「標準報酬月額」を用いますが、その「標準報酬月額」は会社が算定基礎届を年金事務所に提出することで毎年4月〜6月の3か月間の平均給与額に基づいて見直されます。これが「定時決定」です。

社保が高くなるから4月から6月は残業するなっていうのはこれが理由ですよね。

なるほど。

昇給などで3か月以上、報酬が大幅に変動した場合、月額変更届を提出することで標準報酬月額が見直されます。これが「随時改定」ですね。

有休の管理はしっかりと

有給休暇もトラブルが絶えない部分です。スタッフは休みたいのに雇い主が休んじゃダメ、といったり、消化できないから買取りをしていたり、アルバイトだから有休はないとしていたり。期限が切れていない有休の買取りは違法ですし、アルバイトだって有休ありますからね。

え、そうなんですか！　アルバイトでも有休あるんだ。

ご存じない方が多いです。有休はスタッフの権利ですからちゃんとしてあげないと、のちのちトラブルになった時に不利になりますので気を付けてくださいね。ざっくりですけど、今日お話ししたあたりに気を付けていただけたらいいかなと思います。

人を雇うって思っていたより大変で驚きました。気を付けます。

安中先生、お忙しい中ありがとうございました。

第8章　小林さんのまとめメモ

- 36協定、就業規則、身元保証書は必須！
- スタッフには「言わなくてもわかるだろう」ではなく、きちんと言葉で伝える
- 給与計算、有休の管理はしっかりと。アルバイトにも有休はある

第9章

人事・経理の
スケジュール感

独立すると総務・経理・人事部を一人でこなすことに
なります。対お役所の手続きは期限が大切ですので、
スケジュールを把握しておくことは非常に重要です。
1年を通じてスケジュールを確認してみましょう。

小林さんの場合、こんなスケジュール感になりそうですね。

【個人事業主の場合】

会計・税務系		人事労務系
	4月	新入社員 給与所得者の扶養控除等（異動）申告書記入、労働保険加入手続き
	5月	住民税の特別徴収税額の通知（市区町村より）
固定資産税第1期納付 住民税普通徴収第1期納付	6月	納期の特例による住民税の納付（従業員10名未満） 労働保険の年度更新（6/1～7/10）
予定納税	7月	納期の特例による源泉所得税の納付（従業員10名未満） 労働保険料の第1期納付 賞与支払い
住民税普通徴収第2期納付	8月	
固定資産税第2期納付	9月	
住民税普通徴収第3期納付	10月	労働保険料の第2期納付
予定納税	11月	
固定資産税第3期納付 決算・棚卸し	12月	年末調整 賞与支払い 納期の特例による住民税の納付（従業員10名未満）
償却資産の申告 法定調書の提出 住民税普通徴収第4期納付	1月	給与支払報告書の提出（市区町村） 納期の特例による源泉所得税の納付（従業員10名未満） 労働保険料の第3期納付
固定資産税第4期納付	2月	
確定申告	3月	

【9月決算法人の場合】

会計・税務系		人事労務系
	4月	新入社員 給与所得者の扶養控除等（異動）申告書記入、労働保険、社保加入手続き
法人税中間申告 （9月決算の場合）	5月	住民税の特別徴収税額の通知（市区町村より）
固定資産税第1期納付	6月	納期の特例による住民税の納付（従業員10名未満） 労働保険の年度更新（6/1～7/10）
	7月	納期の特例による源泉所得税の納付（従業員10名未満） 算定基礎届の提出 労働保険料の第1期納付 賞与支払い 賞与支払届の提出
	8月	社保の標準報酬月額の決定通知
決算・棚卸し 固定資産税第2期納付	9月	
	10月	労働保険料の第2期納付
法人税申告 （9月決算の場合）	11月	

170

固定資産税第3期納付	12月	年末調整
		賞与支払い
		賞与支払届の提出
		納期の特例による住民税の納付（従業員10名未満）
償却資産の申告	1月	給与支払報告書の提出（市区町村）
法定調書の提出		納期の特例による源泉所得税の納付（従業員10名未満）
		労働保険料の第3期納付
固定資産税第4期納付	2月	

 こう見ると、人を雇うって本当に大変ですね。人事絡みがこんなに多いと思わなかったですよ。

人を雇うとやることが倍以上増えますよ。個人事業主と法人両方並べてみましたけど、社保があるからほんとに多いですね。

【4月】

4月はフレッシャーズの季節ですね。新たに雇用した場合、労働保険の手続き、法人なら加えて健康保険と厚生年金保険も手続きをします。あと、給与所得者の扶養控除等（異動）申告書。略してまるふですね。これも書いてもらって。マイナンバーの確認も忘れないでくださいね。

給与所得者の扶養控除等（異動）申告書

令和3年分　給与所得者の扶養控除等（異動）申告書

【5月】

法人にして9月決算とすると、5月が中間申告の期限となります。去年と所得が違い過ぎるとかじゃなければ、たいてい去年の所得ベースで申告するので、去年の年税額の半分を納付すると思っておいていただければ大丈夫です。

最初の2年は消費税はないんですよね。

たいてい消費税は3期目から発生しますね。消費税は国税分の年税額が48万円を超えると中間納税が発生します。地方税を入れると60万円くらいが目安ですかね。

僕の消費税負担ってどのくらいでしょう？

すっごいおおざっぱですけど、100万はいくでしょうね。

これを年に2回で納付か……大きいですね。

毎月、定期積立しとくといいですよ。

【6月】

個人事業主の場合、6月に自分の住民税の納付があります。住民税は年4回。6月、8月、10月、1月が納期ですね。法人なら毎月のお給料から天引きで自分で納付する必要はありません。

６月は従業員の給料から天引きした住民税の納付もあります。これは個人事業主でも法人でも必要です。市区町村から通知がきた額を支払うだけなので手間は発生しないですよ。

本来は毎月納付ですが、住民税と源泉所得税は、従業員が10人未満なら届出を出せば年2回の納付（7月と翌年1月）にできます。
次の様式が年2回納付にするための申請書の様式です。

住民税　特別徴収税額の納期の特例に関する承認申請書（東京都中野区の様式）

第31号様式

特別徴収税額の納期の特例に関する承認申請書

受付印

（宛先）中 野 区 長

　　　　年　　　月　　　日

地方税法第321条の5の2及び中野区特別区税条例第34条の3の規定により、特別徴収税額の納期の特例について承認を受けたいので申請します。

所 在 地（住　　所）	
フリガナ	
名　　称（氏　　名）	
代表者の職氏名印	㊞　電話番号　　　　　—　　　　—
法 人 番 号	担当者（連絡先）
特別徴収義務者指 定 番 号	※市区町村ごとに異なります　（氏　名）

関与税理士署 名 押 印	（連絡先）㊞

特例の適用を受けようとする税額	年　　月以後 の特別徴収税額	
申請の日前6か月間の各月末の常時給与の支払を受ける者の人員及び	月 区 分	給与支払人員	給与支払額
		（臨時　　人）	（　　　　円）
	年　　月	常 時　　人	円

源泉所得税　源泉所得税の納期の特例の承認に関する申請書

源泉所得税の納期の特例の承認に関する申請書

		※整理番号	

		住所又は 本店の所在地	〒 電話　　　－　　　－
		（フリガナ）	
令和　年　月　日		氏名又は名称	
		法人番号	※個人の方は個人番号の記載は不要です。
		（フリガナ）	
税務署長殿		代表者氏名	

　次の給与支払事務所等につき、所得税法第216条の規定による源泉所得税の納期の特例についての承認を申請します。

給 与 支 払 事	給与支払事務所等の所在地 ※　申請者の住所（居所）又は本店（主たる事務所）の所在地と給与支払事務所等の所在地とが異なる場合に記載してください。		〒 電話　　　－　　　－		
	申請の日前6か月間の各月末の給与の支払を受ける者の人員及び各月の支給金額 〔外書は、臨時雇用者に係るもの〕	月区分	支給人員	支給額	
		年　月	外 　　　　人	外 　　　　円	
		年　月	外 　　　　人	外 　　　　円	

住民税の「特別徴収税額」って何ですか？

日本は申告納税制度を採っているので本来、税金は自分で計算して自分で納付しなきゃいけないんです。これを普通徴収といいます。でも、会社員は会社が徴収して納付する制度があって、住民税の場合、特別徴収っていうんですよ。

サラリーマンにとっては当たり前の方法が「特別」なんてややこしいな。

174

源泉所得税の納期の特例は「自動承認」といって税務署から返事は来ないのですが、住民税の納期の特例は、認めますよと返事が来ますので、市区町村から承認通知がきたら納期の特例が適用されます。

税務署と市区町村で違うんですね。

そうなんですよ。あとは固定資産税の納付がありますね。

固定資産税？　土地も建物も持ってないんですけど、かかるんですか？

俗に償却資産税って呼ばれるものなんですけど、これも固定資産税なんですよ。土地と建物の他に、什器備品にもかかるんです。あとは、小林さんのように店舗を借りて自分で取り付けた内装とか。そういうのを償却資産っていうんですけど。それに税金がかかる。

備品を持ってると税金がかかるんですか？

そうそう。償却資産は土地建物と違って役所は見えないから会社が持ってるのかどうかが確認ができない。そこで、どんな償却資産を持っているか申告させるのが毎年1月にやってる償却資産の申告なんです。

そんなところにも税金がかかるのかあ。車も固定資産税がかかるんですか？

車は自動車税がかかってるので、固定資産税はかからないですよ。

 別なんですね。確かに自動車税納めてます😅

償却資産には免税点があるので150万円以下なら納税はないですが、店舗ビジネスは内装があるからたいてい納税が発生する感じですね。

あと、6月から7月にかけて労働保険（労災保険・雇用保険）の年度更新手続きと納付がありますね。

【7月】

7月は個人事業主も法人も源泉所得税の納付と賞与の支払いがあります。
法人の場合は、社保があるので算定基礎届と賞与支払届を年金事務所に提出します。算定基礎届で今後の社保の額が決まります。賞与支払届はこれをもとに年金事務所が社会保険料の引き落とし額を変えてくるんで出し忘れると大変。

個人事業主は7月に自分の納税がありますね。前年分の税額が15万円以上の場合、予定納税があります。前年分の申告納税額の1/3を7月と11月に前払いする必要があります。

【8月】

8月は算定基礎届の提出を基にして、年金事務所から社保の標準報酬月額の決定通知があります。この新しい標準報酬月額に基づいて社保を計算するのは9月分のお給料からになりますね。

【9月】

法人の場合、小林さんは決算月を9月にしたいので棚卸しがこの月末。あと、固定資産税の納付があります。

【10月】

労働保険料の第2期納付ってありますけど、これは個人事業主も法人もですね。労働保険料の分割納付は40万円以上の場合なので、小林さんの会社はそんな多額にならないからおそらく10月は何もなしですね。

【11月】

個人事業主は7月にもあった予定納税がありますね。
法人成りした場合、11月は法人税の申告、納付期限です。

【12月】

12月は個人事業主も法人も住民税の納付と、賞与の支払い、年末調整。法人なら賞与支払届の提出。人事労務系の手続きが多いですね。個人で営業している間は12月末が決算日だからここが棚卸しの時期ですね。

【1月】

1月は個人事業主も法人もやることが多いんですよ。20日までに源泉所得税の納付と税務署へ法定調書の提出。

法定調書ってなんですか？

こういう相手先にこんな支払いをしました、と税務署に出すお知らせです。税務調査の資料になるんですよ。

わ、そうなんだ。

経費って、認めて欲しいものだから、こんな支払いをしましたって素直に出すんですよね。それが調査資料となります。

なるほど。人間の心理を突いてますね。

あと大事なのは市区町村へ給与支払報告書の提出。これも個人事業主、法人どちらも提出する必要があります。忘れるとスタッフは通常確定申告をしないと思うので、市区町村はスタッフに所得がないと認識してしまいます。忘れずに提出しないと。

給与支払報告書（総括表）

令和3年度（2年分）給与支払報告書（総括表）	2月1日までに提出してください。

<table>
<tr><td>追　加
訂　正</td><td>令和 3 年　　月　　日提出

長あて</td><td colspan="2">指定番号</td></tr>
</table>

二枚目に下敷きをしてカーボンを入れずにお書きください。

1	給与の支払期間	令和　年　月から　月分まで	10	提出区分	年間分　退職者分
2	給与支払者の個人番号又は法人番号		11	給与支払の方法と期日	
3	給与支払者郵便番号	〒　　－　　　　　※	12	事業種目	
4	（フリガナ）給与支払者所在地（住所）	ビル内 電話（　　）　－　　番	13	受給者総人員	名
5	（フリガナ）名　称（氏名）		14 報告書人員	特別徴収（給与天引）	名
6	代表者の職氏名印			普通徴収切替理由書に記載した人数	名
7	経理責任者氏名			合　計	名
8	連絡者の氏名並びに電話番号	係　氏名 （　　）　－　　番　内線　　番	15	所轄税務署	税務署
9	会計事務所等の名称	（　　）　－　　番	16	納入書	要 ・ 不要
			17	前年の特別徴収義務者指定番号	

※普通徴収の該当者がいる場合は、普通徴収切替理由書兼仕切紙を必ず添付するとともに、個人別明細書の摘要欄に該当する符号（普Ａ、普Ｂなど）を記入してください。

給与支払報告書（個人明細書）

（縦書き左側ラベル）給与支払報告書（個人別明細書）

③

※	※ 種 別	※ 整 理 番 号	※

支払を受ける者	住所	※ 区分	（受給者番号） （個人番号） 役職名 氏名（フリガナ）

種別	支 払 金 額	給与所得控除後の金額 （調整控除後）	所得控除の額の合計額	源泉徴収税額
給与・賞与	内　　　千　　　円	千　　　円	内　　　千　　　円	千　　　円

（源泉）控除対象 配偶者の有無等		配偶者（特別） 控除の額	控除対象扶養親族の数 （配偶者を除く。）						16歳未満扶養親族の数	障害者の数 （本人を除く。）		非居住者である親族の数
有	従有		特定		老人		その他			特別	その他	
		老人 千　円	人	従人	内 人	従人	人	従人	人	内 人	人	人

社会保険料等の金額	生命保険料の控除額	地震保険料の控除額	住宅借入金等特別控除の額
内　　　千　　　円	千　　　円	千　　　円	千　　　円

（摘要）

生命保険料の金額の内訳	新生命保険料の金額	円	旧生命保険料の金額	円	介護医療保険料の金額	円	新個人年金保険料の金額	円	旧個人年金保険料の金額	円

住宅借入金等特別控除の額の内訳	住宅借入金等特別控除適用数		居住開始年月日（1回目）	年　月　日	住宅借入金等特別控除区分(1回目)		住宅借入金等年末残高(1回目)	円
	住宅借入金等特別控除可能額	円	居住開始年月日（2回目）	年　月　日	住宅借入金等特別控除区分(2回目)		住宅借入金等年末残高(2回目)	円

（源泉・特別）控除対象配偶者	（フリガナ） 氏名		区分	配偶者の合計所得		国民年金保険料等の金額	円	旧長期損害保険料の金額	円
	個人番号					基礎控除の額	円	所得金額調整控除額	円

控	1	（フリガナ） 氏名		区分	1 6	1	（フリガナ） 氏名		区分	5人目以降の控除対象扶養親族の個人番号
		個人番号					個人番号			
		（フリガナ）		区			（フリガナ）		区	

責任重大ですね。

あと1月は償却資産の申告。6月のところで説明した、俗にいう償却資産税のことですね。これも個人事業主と法人どちらも必要です。次ページの償却資産申告書を都（県）税事務所に提出します。

償却資産申告書

令和　　年度

償却資産申告書（償却資産課税台帳）

受付印	令和　年　月　日	
	東京都　　　都税事務所長殿	

所有者	（フリガナ）1 住　所	
	又は納税通知書送達先	（電話　　　　　）
	（フリガナ）2 氏　名	
	法人にあってはその名称及び代表者の氏名	
		（屋号　　　　　）

3 個人番号又は法人番号	
4 事業種目	
（資本金等の額）	（　　　　　百万円）
5 事業開始年月	年　　月
6 この申告に応答する者の係及び氏名	（電話　　　）
7 税理士等の氏名	（電話　　　）

＊所有者コード		
事務所	氏　名　コード	CD 摘要

第二十六号様式（提出用・控用）

8 短縮耐用年数の承認	有・無
9 増 加 償 却 の 届 出	有・無
10 非 課 税 該 当 資 産	有・無
11 課 税 標 準 の 特 例	有・無
12 特別償却又は圧縮記帳	有・無
13 税務会計上の償却方法	定率法・定額法
14 青　色　申　告	有・無

資産の種類	取　得　価　額				15 市（区）町村内における事業所等資産の所在地
	前年前に取得したもの（イ）	前年中に減少したもの（ロ）	前年中に取得したもの（ハ）	計（イ)-(ロ)+(ハ)（ニ）	
1 構築物					①
2 機械及び装置					②
3 船舶					③
4 航空機					16 借 用 資 産 貸主の名称等
5 車両及び…					

【2月】【3月】

　2月は固定資産税第4期の納付ですね。3月は個人事業主なら確定申告ですね。美容業界は繁忙期。

これで1年かあ。結構いろいろありますねえ。

　税理士や社労士に顧問を依頼すれば、ほぼほぼやってもらえる内容ですけど、事業主も1年の流れを押さえておくのは大事かなと思うので。

僕もそう思います。心構えができてよかったです。しかし、自分でやるって本当に大変だなあ。今のオーナーはこんな大変なことをしていたのか。

　10年以上も経営を続けてこられたということに対して、僕も小林さんのオーナーには敬意を表したいと思います。

第10章

社長だもん、欲しいよね！

独立を決心してから法人か個人事業主かで悩みましたが、個人事業主としてのスタートを選択。コロナ禍でもあるため結婚式は中止、引っ越し、店舗探し、借入、人事・経理の勉強と怒涛の日々だった2人。やっとめどがついたため、プチ慰労会と称してまたまたConcertoさんにおじゃましています。2人ともワインが大好きなのでかなり飲んでいる様子。いつになく梅沢さんは饒舌です。

かんぱ～い！

 いやあ、融資審査が通るかはヒヤヒヤしましたけど、無事に融資満額下りてよかったですね。

 ほんとによかったです。いろいろとありがとうございました。

 いえいえ。僕もまだ甘いなあって反省しきりでしたよ。

1 | 所得の種類のある所得税、ない法人税

暗号資産とかFXとか

 すいません、梅沢さん、ちょっと聞きたいことがあって。

 どうぞどうぞ。

 友人でビットコイン始めたのがいて、僕もちょっと興味があるんですけど。

 きましたね、仮想通貨ですか。最近は暗号資産というみたいですけど。

 あれって、法人でやった方が有利という話を耳にしたんですけど、本当ですか？

うーん、税金的な面は、本当ですね。暗号資産とか FX とかは、個人でやると「雑所得」という分類になって、たとえ赤字であっても他の所得と損益通算できないんですよ。

損益通算？

赤字の所得を他の所得から差し引くことですよ。「フジサンジョウ」なんていって覚えるんですけど、不動産所得、事業所得、山林所得、譲渡所得で赤字がでると、他の黒字から差し引くことができるんですが、雑所得はこの中に入ってないので損益通算できないんです。

損益通算ができない、とすると赤字は切捨てってことですね。

暗号資産は切捨てですね。FX は他の所得との損益通算はできないですが、翌年以後 3 年間の損失の繰越控除が可能です。

損失の繰越控除？

今年 FX で赤字でも、翌年以降 FX で黒字ならその黒字から引けるんですよ。

今年の他の黒字から引けないけど来年の FX の黒字からは引けるんだ。

FXと暗号資産はどちらも雑所得ですけど、FXは分離課税で、暗号資産は総合課税だから、このふたつは内部通算もできないですね。

内部通算？

暗号資産の赤字は事業所得や不動産所得と損益通算できなくても、同じ総合課税の雑所得の公的年金とかとなら通算できるんですよ。そういう、同じ所得内での通算を内部通算っていいます。同じ雑所得でもFXは分離課税だから暗号資産との内部通算はダメ。

ダメだ、もうついていけない🍬

所得税は法人税と違って、どんな形で稼いだかによって計算方法が変わるし、損益通算ができたりできなかったりします。稼いだ形によって担税力が異なることを考慮したり、徴税の利便性とかも考えているので。

【給与所得の計算】
給与収入－給与所得控除＝給与所得

【事業所得の計算】
事業収入－必要経費＝事業所得

確かに計算方法が違いますね。

「事業所得」は生活の糧を得るためにやっている経済活動です。もし、事業所得がマイナスだったらその人の生存に関わるから、他の所得のプラスと損益通算できるんですけど、「雑所得」はマイナスが出ても損益通算できない。

一方、法人は利潤を追求することが存在している意義なので所得に種類はないから、たとえ暗号資産で赤字が出ても、レストランの黒字と相殺できる。

ついでに、所得税は累進課税だから利益が出れば税率が上がるけど、法人税率は地方税を含めてだいたい25%前後。一方、所得税率は最高税率45%。住民税を入れたら55%にもなるから（38頁参照）。

じゃあ、損が出たら相殺できて、益が出ても税率が上がらない法人でやった方が有利ですね。

総合課税の暗号資産はそうですね。FXは分離課税だから所得税と住民税合わせて20.315%（復興特別所得税を含む）に固定されているので、税率は個人の方が有利ですが。

事業所得と副業の違い

その話を聞いてわかりましたよ。最近、副業で節税とか聞くのは事業所得の赤字が他の所得のプラスと相殺できるからなんですね。

あー、それ、ダメなんですよ。今流行りの副業を事業所得として申告しちゃうのは間違い。

へえ、副業って事業にならないんですか？

事業所得というのは、簡単にいうとその事業で生計を立てているものなので、会社員が夜、自宅で副業をしているのは、まず事業所得にはならないんですよ。生計を維持するだけ稼いでいて、社会的にも認知度があって、その人の生活はその事業がないと成り立たないものが事業所得。そうじゃないなら雑所得。

 自分で事業だと思っていてもそうじゃないこともあるんだ。

最近、サラリーマンの副業が流行ってますけど、まさにそれですね。あれは雑所得。雑所得は赤字が出てもその人の生存には関わらないから切り捨てられちゃう。他の黒字の所得と相殺できない。

 厳しいな 生活が苦しくてやってる副業もあるだろうに。

そしたら、赤字の出る副業なんかやめちまえ、ってなるわけですよ。

 確かに（笑）。

雑所得は趣味に毛が生えた程度と考えたらいいかなと。税金は、趣味でも稼ぎがあるなら課税するけれど、趣味で赤字が出た場合は面倒みてくれないんです。

 じゃあ、事業を始めたけれど、なかなか軌道に乗らなくて初年度赤字で、他でバイトをして生計を立てていたら雑所得になっちゃうんですか？

それは事業所得でいいと思いますよ。事業的規模の判定にはどれだけ時間や労力、資金を突っ込んでいるかも考慮されますし、事業を始めたばかりならいろいろと出費も多くて赤字になるのも普通のことですから。税務署が問題にしてくるのは、趣味のような事業じゃないものを事業所得にして、赤字を給与所得とぶつけて還付を受けるパターンなんです。

なるほどね。

ニュースで週休3日制を自民党の一億総活躍推進本部が政府に提言したとありましたけど、副業に本気で取り組んで、副業の方が儲かってるとか、知名度があるとかいう話も出てくる可能性もありますよね。そしたら大手を振って事業所得でいいかと。

そのうちそっちが本業になったりして。

それはそれで幸せですよね。社長になる生き方。

所得税率が下がることは当分ない

日本の税制はざっくりいうと、法人を優遇して個人から搾り取る格好になってます。今後所得税が下がることはないので、法人をどこかにうまく取り入れるというのはキーになってくると思うんですよね。

なんで法人を優遇するんですかね？

日本の優良企業を日本に引き留めたいのと、海外の優良企業に日本進出してもらうためですよ。IT技術の発達でビジネスの世界はどんどんボーダレス化。どこの国にいようと同じじゃないですか。税率が低い国に会社があったほうが、利益をより多く再投資できて会社の発展には有利ですもん。

 なるほど。それなら法人税率は今後も下がりこそすれ、上がることはなさそうですね。

令和3年6月のG7で法人税率の引下げ競争に歯止めをかけるための共通の最低税率について、15%以上を目指すことで一致したようですけど、どこの国も考えることは同じですよね。法人税率を下げたい。

そうすると、どこに財源を求めるか？が問題になるんですよ。日本国民はあまり文句を言わない人種で、多くがサラリーマンです。税金は毎月のお給料から源泉徴収されていて、さほど痛みも感じない所得税をいじるのが一番手っ取り早いんです。

 梅沢さん、激しいな（笑）。

ははは。高額所得者から引っ張る分にはさほど国民は騒がないから、高額所得者の基礎控除や配偶者控除がなくなったり、給与所得控除の頭打ち金額が下げられたりと所得税はマイナーチェンジばっかり。高額所得者のお客さんは僕に文句言うし、税法はコロコロ変わるしでいい迷惑なんですよ。

他に文句を言えるところがないんでしょうねえ。

でも、高額所得者じゃなくたって、うかうかしてられないんですよ。東日本大震災のときに復興特別所得税が創設されたように、新型コロナウイルス感染症による増税もあるかもしれない。

また増税ですか

2 | こんな資産も魅力的

ゴルフ会員権、リゾート会員権が欲しい！

そう。所得税は上がる一方。だから給料は上げずに個人的な経費を法人で使うのが節税のポイント。僕、常々経営者には趣味はゴルフにして！って言ってるんですけど、ゴルフ会員権も法人所有の方がおススメなんです。

経営者は好きですよね〜ゴルフって。どうしてゴルフなんですか？

イメージですよ（笑）。今、小林さんが言ったじゃないですか、「経営者はゴルフが好き」って。

はは、確かに。

経営者が取引先とゴルフに行くのは、まず経費として認められないということはない。経費にできる趣味なら、個人で課税されたあとの手残りを使わなくてすむでしょ。経営者は年中仕事のことを考えてるのが好きだから、仕事回りの人と遊べるって最高なんですよ。

ゴルフを趣味にすれば、趣味に自分の可処分所得を使わなくてすむんだ。で、続けてるとステータスでもあるゴルフ会員権が欲しくなる……。

ゴルフ会員権を買うなら税制面では法人が絶対的に有利。個人の場合、ゴルフ会員権を買っても事業資産とはならないから、消費税は引けないし、売って赤字になったときに他の黒字の所得と相殺もできないけれど、法人なら消費税は引けるし本業の黒字と相殺できるし。

なんで個人だと本業の黒字と相殺できないんですか？

会員権は趣味と見られてしまうんですよ。趣味娯楽の会員権を売却して損が出たって、担税力を傷つけるものではないから損益通算できないんです。

そうか。事業所得の損はその人の生存に関わるから損益通算できるけれど、趣味のもので損が出ても税金は面倒みてくれない。

反面、法人は利潤を追求するために存在するので、利益も損もどのように発生したかは問わないんです。

法人って万能な気がしてきた。

リゾート会員権なんかもそうですよ。売却して利益が出たときに課税されるのは法人も個人も一緒ですけどね。

法人の方が税率で有利ですよね。

持ってるのは高所得者でしょうから、ゴルフ会員権や利用権型のリゾート会員権なら税率は法人の方が有利。規模を大きくして、資産を保有するには法人が有利なことが多いんじゃないかなあと思います。

ベンツが欲しい！

車は？　外車、憧れるんですよね。いつかは乗りたい。

外車を買うなら中古の4年落ち、4ドアを法人で、というのがセオリーになってますね。

スポーツカータイプはダメと。

実はそういうわけでもないんですよ。旅費規程があって、その旅費規程では旅費が出ない部分にそのフェラーリを使用していて、社長は個人でその他にも車両を保有していて、フェラーリは社用にしか使ってなかったのをちゃんと走行記録を取っていたケースでは経費として認められてましたし。

へえ。いいんだ。

まあ、2ドアよりかは4ドアの方が圧倒的に認められやすいでしょうけどね。

車を買う、これも個人事業主より法人の方が有利なんですか？

損益通算の部分でいうと、事業用で使用していた車両の譲渡損は他の所得から引けるので、FXやゴルフ会員権なんかとは違って法人も個人事業主も同じなんです。でも、個人事業主で外車に乗っててそれが事業用というのが通りにくい、といいますか……。

そもそも個人事業主だと外車が事業用として認められにくいと？

僕が今まで見せていただいた個人事業主が外車を必要とする仕事ではない確率が高かったというか。ちゃんと事業に使っていて、それを証明するだけの記録があるならもちろん問題ないですよ。でも、仕入れや配達に外車を使わないと思うんですよね。

あはは、痛いな。

でも、営業に行くとき、外車で乗り付けて儲かってるのを見せつけた方が有利に働くとかいうのであれば立派な理由のひとつだと思うので、実質と、あとは納税者の経費として認めてもらうための努力ですよ。

確かに。

お客さんが外車買いたいって言ったら梅沢さんはどうしてるんですか？

痛いところ突きますね。事業でほんとに使いますか？って聞きますね。昔、個人事業主の植木屋さんがベンツ買った、って確定申告で領収書持ってきたんで、それで植木運ばないでしょ、って突っ返したことがありましたよ。

おお、厳しい（笑）。

まだ僕も若かったので（苦笑）。もちろん、業務でちゃんとベンツを使うのであれば構わないと思いますよ。

でも、なんで中古の4年落ちを法人所有がセオリー？新車はダメなんですか？

ダメじゃないんですけど、節税に使うなら4年落ち、ってことなんです。自動車は耐用年数6年なんですけど、中古4年落ちなら耐用年数は2年なんです。法人は定率法が法定償却方法なので、2年の償却率は1.000で、買った年に全額経費に突っ込めるんですよ。といっても月割りが必要ですけど。

そういう理由なんですね。

YouTuber が「高級車を買ってみた！」とか、「高級腕時計を買ってみた！」なんて動画をアップしてるときがありますけど、ああやって撮影に使えば経費になるんですか？

単に高級品を購入した動画を1回アップしたから経費というのは厳しいですよね。その高級品をその後も事業にどうやって使っているのかが問題になります。

突き詰めると実質がどうか、なんですね。

マイホームが欲しい！

将来法人成りしたとして、もし賃貸じゃなくて家を買った場合、これを社宅にできるんですか？

理屈としてはできますよ。会社にキャッシュがあれば全く問題ないです。会社で買えば社宅です。でも、会社にキャッシュがなくて金融機関から借りるとなると、借りられるかどうかが問題ですね。住宅ローンみたいに長期で借りられないだろうし。

資金調達の話になっちゃうんですね。

おうちを買うのであれば、住宅ローン控除がありますし、個人で買った方が現実的かもしれませんね。売却するときも、個人なら利益が出ていても3,000万円の特別控除があるので税金的には優遇されています。

世の中、カネ、かね、金だなあ。

キャッシュ最強ですよ。ゲンキンがあれば何でもできる！

それ「元気」でしょ。しかも「ゲンキ」までは一緒だけどゴロが悪すぎ（笑）。

いや、マジですって。だって、中小企業なんてキャッシュがあれば潰れないんですから。

え、そうなんですか？

たとえ1円も売上がなくたって、賃料も人件費も仕入れもぜーんぶ払えるなら債務超過だって会社は潰れないですもん。債務超過がどうとか問題なのは上場会社の話ですから。

キャッシュって大切なんですね。

なのに、みんな期末になると節税節税って血眼になって備品を買いあさったり、保険に入ろうとしたり。確かに税負担は軽くなりますけど、軽くなった税額の3倍キャッシュが余計に出て行ってしまうのに、みんな節税大好きなんですよね。

おとなしく税金を払ったほうが手残りは増えるんですね。

そういう場合も多いですね。昔、生命保険に加入したけど退職の時期を逃して、そこからは命との競争。満期を迎えて3か月後に亡くなった方がいらっしゃいましたよ。保険会社にいったいいくら貢いだんだか。

 あんまり節税頑張らない方がいいかも🫘

第10章　小林さんのまとめメモ

- ゴルフ会員権、リゾート会員権は法人で所有する方が有利
- 経費になるかならないかは実質と納税者の努力
- キャッシュが大事！

第11章

個人事業主の
確定申告

個人事業主にとって大切なのは何といっても税務署への届出と毎年の申告です。開業届は法人の登記簿のようなものですし、申告書はこれだけ稼いでいることの証明です。確定申告は初めての小林さんに、梅沢さんは届出や所得税の計算の仕組みを説明しています。

1 | 届出と確定申告ってどんなもの？

開業届を出す

開業したらこの書類を税務署に提出しますよ。青色申告承認申請書は開業から2か月以内とか、給与支払事務所等の開設届出書は開設から1か月以内とか期限がマチマチで覚えてられないので、これらの中で一番短い期限である1か月以内に出したいですね。

開業届（個人事業の開業・廃業等届出書）　開業して1か月以内

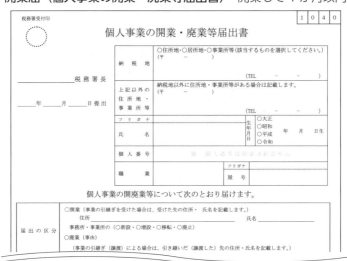

青色申告承認申請書
青色申告しようとする年の3月15日まで、または事業開始から2か月以内

税務署受付印

所得税の青色申告承認申請書

| | | | 1 0 9 0 |

　　　　　　　税務署長

　　　年　　月　　日提出

納税地　〇住所地・〇居所地・〇事業所等（該当するものを選択してください。）
（〒　　－　　　）
（TEL　　－　　－　　）

上記以外の
住所地・
事業所等　納税地以外に住所地・事業所等がある場合に記載します。
（〒　　－　　　）
（TEL　　－　　－　　）

フリガナ
氏　名

生年月日　〇大正　〇昭和　〇平成　〇令和　年　月　日生

職　業　　　　　フリガナ　屋号

令和　　年分以後の所得税の申告は、青色申告書によりたいので申請します。

1　事業所又は所得の基因となる資産の名称及びその所在地（事業所又は資産の異なるごとに記載します。）
　名称　　　　　　　　　所在地
　名称　　　　　　　　　所在地

2　所得の種類（該当する事項を選択してください。）
　〇事業所得　・〇不動産所得　・〇山林所得

3　いままでに青色申告承認の取消しを受けたこと又は取りやめをしたことの有無
　(1)　〇有（〇取消し・〇取りやめ）　　　年　　月　　日　(2)　〇無

青色事業専従者給与に関する届出書
必要経費に算入しようとする年の3月15日まで
または新たに専従者がいることとなった日から2か月以内

税務署受付印

青色事業専従者給与に関する　〇届　出　〇変更届出　書

| | | | 1 1 2 0 |

　　　　　　　税務署長

　　　年　　月　　日提出

納税地　〇住所地・〇居所地・〇事業所等（該当するものを選択してください。）
（〒　　－　　　）
（TEL　　－　　－　　）

上記以外の
住所地・
事業所等　納税地以外に住所地・事業所等がある場合に記載します。
（〒　　－　　　）
（TEL　　－　　－　　）

フリガナ
氏　名

生年月日　〇大正　〇昭和　〇平成　〇令和　年　月　日生

職　業　　　　　フリガナ　屋号

　　年　　月以後の青色事業専従者給与の支給に関しては次のとおり〇定　め　た〇変更することとした
ので届けます。

1　青色事業専従者給与（裏面の書き方をお読みください。）

専従者の氏名	続柄	年齢 経験年数	仕事の内容・従事の程度	資格等	給　料　等		賞　与		昇給の基準
					支給期	金額（月額）	支給期	支給の基準（金額）	
1		歳 年			円				
2									

給与支払事務所等の開設・移転・廃止届出書

（雇用する場合）給与支払事務所開設から1か月以内

給与支払事務所等の開設・移転・廃止届出書

令和　年　月　日 税務署長殿 所得税法第230条の規定により次のとおり届け出ます。	事務所開設者	住所又は本店所在地	〒 電話（　　　）　　　－
		（フリガナ）	
		氏名又は名称	
		個人番号又は法人番号	↓個人番号の記載に当たっては、左端を空欄とし、ここから記載してください。
		（フリガナ）	
		代表者氏名	

（注）　「住所又は本店所在地」欄については、個人の方については申告所得税の納税地、法人については本店所在地（外国法人の場合には国外の本店所在地）を記載してください。

開設・移転・廃止年月日	令和　　年　　月　　日	給与支払を開始する年月日	令和　　年　　月　　日

○届出の内容及び理由
（該当する事項のチェック欄□に✓印を付してください。）

「給与支払事務所等について」欄の記載事項

		開設・異動前	異動後
開設	□ 開業又は法人の設立 □ 上記以外 ※本店所在地等とは別の所在地に支店等を開設した場合	開設した支店等の所在地	
移転	□ 所在地の移転	移転前の所在地	移転後の所在地
	□ 既存の給与支払事務所等への引継ぎ （理由）□ 法人の合併　□ 法人の分割　□ 支店等の閉鎖 　　　　□ その他	引継ぎをする前の給与支払事務所等	引継先の給与支払事務所等

のうとくを出しておけばスタッフの源泉所得税の納付が毎月じゃなくて半年に1回になりますけど、この申請書を出した当月分はのうとくは適用にならず、翌月10日までに納付が必要なので気を付けてくださいね。

源泉所得税の納期の特例の承認に関する申請書（通称：のうとく）

期限なし。提出した日の翌月に支払う給与等から適用

源泉所得税の納期の特例の承認に関する申請書

			※整理番号		
税務署受付印	住　所　又　は 本店の所在地	〒 　 電話　　　－　　　－			
令和　年　月　日	（フリガナ）				
	氏名又は名称				
	法　人　番　号	※個人の方は個人番号の記載は不要です。			
税務署長殿	（フリガナ）				
	代表者氏名				

次の給与支払事務所等につき、所得税法第216条の規定による源泉所得税の納期の特例についての承認を申請します。

給与支払事	給与支払事務所等の所在地 ※　申請者の住所（居所）又は本店（主たる事務所）の所在地と給与支払事務所等の所在地とが異なる場合に記載してください。	〒 　 電話　　　－　　　－			
	申請の日前6か月間の各月末の給与の支払を受ける者の人員及び各月の支給金額 〔外書は、臨時雇用者に係るもの〕	月　区　分	支　給　人　員	支　給　額	
		年　月	外 　　　　人	外 　　　　円	
			外	外	

住民税の場合は承認通知が来てから適用になります。

特別徴収税額の納期の特例に関する承認申請書（住民税ののうとく）
期限なし。承認された場合、承認通知が届く

第31号様式

特別徴収税額の納期の特例に関する承認申請書

受付印

（宛先）中 野 区 長

令和　　年　　月　　日

地方税法第321条の5の2及び中野区特別区税条例第34条の3の規定により、特別徴収税額の納期の特例について承認を受けたいので申請します。

所 在 地 （ 住 所 ）	
フ リ ガ ナ	
名 称 （ 氏 名 ）	
代表者の 職氏名印	㊞ 電話番号　　　　　　　　　—　　　　—
法 人 番 号	（連絡先） 担当者 （氏　名）
特別徴収義務者 指 定 番 号	※市区町村ごとに異なります

関与税理士 署名押印	（連絡先） ㊞

特例の適用を受けようとする税額	年　　　月以後 の特別徴収税額		
	月 区 分	給与支払人員	給 与 支 払 額
申請の日前6か月間の各月末の常時 給与の支払を受ける者の人員及び	令和　年　月	（臨時　　人） 常時　　　人	（　　　　　円） 円

確定申告

そうすると、僕は個人事業主だから確定申告をするわけですよね。できるかなあ。

売上と経費を集計して、売上から経費を引いた残りが所得ですよ。これが事業所得。他にも所得があったら合算して、そこから所得控除を差し引いて、残った所得に税率を掛けるだけですから。

204

所得控除？

所得税は扶養がいるとか、国民年金払ってますとか納税者の個人的事情を考慮してくれるので所得からいろいろ引けるんですよ。年末調整はこの部分をやってるんです。

生命保険料控除証明書出して、ってヤツですね。

給与収入から給与所得控除を引いた残りが給与所得。所得控除のうち社会保険料控除は会社の方でわかるけれど、配偶者がいるとか扶養がいるとか会社はわからないから年末調整のときに「まるふ」とかの書類を出すわけですよ。これを確定申告では自分でやるわけです。

給与所得者の扶養控除等（異動）申告書（通称：「まるふ」）

じゃあ、確定申告は事業の収入と経費の集計と、年末調整をやればいい、って感じですね。

個人の節税の要「青色申告」

その集計ですが、**青色申告**って聞いたことあります？
要はしっかり帳簿をつけてね、って話なんですけど、事
業所得は青色申告承認申請書を出して、帳簿をつけて、
貸借対照表を出して、期限内に電子申告すれば65万円を
所得から引いていいんですよ。

え、すごいじゃないですか。65万円も引けるんだ。

青色申告は、赤字が出ても他の所得の黒字から引くこと
ができますし、引ききれなければ翌年以降3年にわたっ
て繰り越すこともできてお得なんです。法人にするとこ
れが10年なんですけど。

法人、長いですね。

それが法人のメリットのひとつと言われているんですけ
ど、そんな10年も引きずる赤字を出したら大変ですよ。

確かに。

会計システム

65万円控除を受けるなら会計システムで帳簿をつけま
しょう。税理士をつけるなら、税理士おススメの会計シ
ステムがあると思いますけど、つけないなら市販の会計
ソフトで大丈夫です。今の会計システムは、レジの売上
がそのまま会計システムに連動してくれたり、Fintech
が使えるので便利ですよ。

Fintech ってなんですか？

通帳やクレジットカードのデータをそのまま会計システムに読み込めるんです。

え、じゃあ入力いらないんだ！　データで読み込めるのはいいですね。

入力がいらなくはないですけど、システムをフル活用すれば入力作業自体は楽だと思います。AI が一度入力した取引先名や時期から仕訳を類推してくれるんです。ただ、だからこそその難点があって。

難点？

間違いに気づかないと、次のときもシステムは同じように仕訳してくるので、間違ったまんまずーっと入力し続けてしまうんですよ。どんなに技術が進歩しても、最終チェックは人間の仕事であり続けるんでしょうね。

第 1 表から作れない確定申告書

確定申告書って見たことあります？

いえ、ないんですよ。

確定申告書

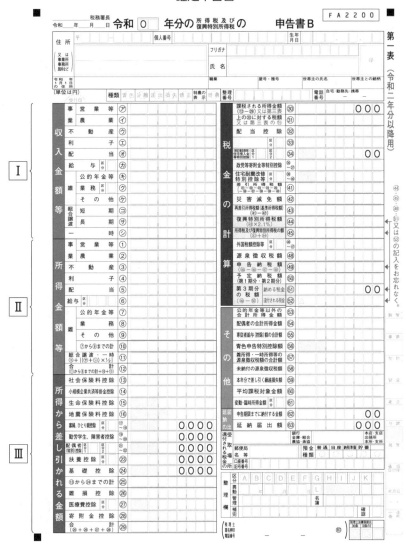

208

令和 [〇] 年分の所得税及び復興特別所得税の確定申告書B

整理番号 ☐☐☐☐☐☐☐☐　　FA2300

住　　所
屋　　号
フリガナ
氏　　名

○ 所得の内訳（所得税及び復興特別所得税の源泉徴収税額）

所得の種類	種目	給与などの支払者の名称・所在地等	収入金額	源泉徴収税額
			円	円
			㊽ 源泉徴収税額の合計額	

○ 総合課税の譲渡所得、一時所得に関する事項（⑪）

所得の種類	収入金額	必要経費等	差引金額
譲渡（短期）	円	円	円
譲渡（長期）			
一　時			

○ 特例適用条文等

○ 配偶者や親族に関する事項（⑳〜㉓）

氏名	個人番号	続柄	生年月日	障害者	国外居住	住民税	その他
		配偶者	明·大昭·平·令 　.　.	障 特障	国外 年調	同一 別居	調
			明·大昭·平·令	障 特障	国外 年調	16 別居	
			明·大昭·平·令	障 特障	国外 年調	16 別居	
			明·大昭·平·令	障 特障	国外 年調	16 別居	
			明·大昭·平·令	障 特障	国外 年調	16 別居	

○ 事業専従者に関する事項（㊺）

事業専従者の氏名	個人番号	続柄	生年月日	従事月数·程度·仕事の内容	専従者給与（控除）額
			明·大平		
			明·平		
			明·平		

○ 住民税・事業税に関する事項

住民税	非上場株式の少額配当等を含む配当所得の金額	非居住者	配当割額控除額	株式等譲渡所得割額控除額	給与、公的年金等以外の所得に係る住民税の徴収方法 特別徴収 / 自分で納付	都道府県、市区町村への寄附（特例控除対象）	共同募金、日赤その他の寄附	都道府県条例指定寄附	市区町村条例指定寄附
事業税	非課税所得など	番号	所得金額	損益通算の特例適用前の不動産所得		前年中の開（廃）業 開始·廃止 月日			
	不動産所得から差し引いた青色申告特別控除額			事業用資産の譲渡損失など		他都道府県の事務所等			

上記の配偶者·親族·事業専従者のうち別居の者の氏名·住所	氏名 / 住所	所得税で控除対象配偶者などとした専従者	氏名 / 給与	一連番号

（右側縦書き）

○ 保険料控除等に関する事項（⑬〜⑯）

	保険料等の種類	支払保険料等の計	うち年末調整等以外
⑬ 社会保険料控除		円	円
⑭ 小規模企業共済等掛金控除		円	円
⑮ 生命保険料控除	新生命保険料	円	円
	旧生命保険料		
	新個人年金保険料		
	旧個人年金保険料		
	介護医療保険料		
⑯ 地震保険料控除	地震保険料	円	円
	旧長期損害保険料		

○ 本人に関する事項（⑰〜⑳）

寡婦	ひとり親	勤労学生	障害者	特別障害者
□死別 □生死不明 □離婚 □未帰還		□年調以外かつ専修学校等		

○ 雑損控除に関する事項（㉖）

損害の原因	損害年月日	損害を受けた資産の種類など
損害金額 　円	保険金などで補填される金額 円	差引損失額のうち災害関連支出の金額 円

○ 寄附金控除に関する事項（㉘）

寄附先の名称等		寄附金 円

第二表（令和二年分以降用）

これです。申告書にはＡとＢがあるんですけど、事業所得や不動産所得がある人はＢを使います。これはＢの様式。

Ⅰ収入金額等とⅡ所得金額等とⅢ所得から差し引かれる金額ですか。収入は年間の売上で、所得金額等は利益ですよね。いきなり利益を書くんだ。経費はどこにいっちゃったの？

申告書の「第１表」って１と名前がついているので最初に書くのかと思いがちですが、一番最後に書くんです。事業をしている方は申告書じゃなくて最初にこっち。

青色申告決算書

令和 ０□ 年分所得税青色申告決算書（一般用）　FA3000

住所	フリガナ 氏名	㊞	事務所所在地
事業所所在地	電話番号（自宅）（事業所）		依頼税理士等 氏名（名称）
業種名	番号 加入団体名		電話番号

この青色申告決算書は機械で読み取りますので、黒のボールペンで書いてください。

整理番号 □□□□□□□

令和　年　月　日　　損　益　計　算　書　（自□□月□□日至□□月□□日）

科目	金額(円)	科目	金額(円)	科目	金額(円)
売上（収入）金額（雑収入を含む） ①		消耗品費 ⑱		貸倒引当金 ㉞	
期首商品（製品）棚卸高 ②		減価償却費 ⑲			
仕入金額（製品製造原価） ③		福利厚生費 ⑳			
小計（②＋③） ④		給料賃金 ㉑		専従者給与 ㊲	
期末商品（製品）棚卸高 ⑤		外注工賃 ㉒		貸倒引当金 ㊳	
差引原価（④－⑤） ⑥		利子割引料 ㉓		計 ㊴	
差引金額（①－⑥） ⑦		地代家賃 ㉔			
租税公課 ⑧		貸倒金 ㉕		青色申告特別控除前の所得金額（㉝＋㊴） ㊵	
荷造運賃 ⑨		㉖		青色申告特別控除額 ㊶	
水道光熱費 ⑩		㉗		所得金額（㊵－㊶） ㊷	
旅費交通費 ⑪		㉘			
通信費 ⑫		㉙			
広告宣伝費 ⑬		㉚			
接待交際費 ⑭		㉛			
損害保険料 ⑮		雑費 ㉜			
修繕費 ⑯		計 ㉝			

差引金額（⑦－㉝）

※青色申告特別控除については、「決算の手引き」の「青色申告特別控除」の項を読んでください。

※下の欄には、書かないでください。

－1－

210

青色申告決算書を先に作成します。これを作成すると所得が出ます。この決算書を作るために一生懸命システムに仕訳を入力するんです。この決算書の①に記載した売上を第1表のⅠへ、㊺に記載した所得をⅡへ転記します。

第1表では売上と所得だけが見えるようになっているんですね。

第1表は税務署が即座に知りたい大事な情報のまとめの表なんです。第1表をみて、ちょっとあれ？と思ったらその下を見ていく、という感じで。

なるほど。

Ⅱに記載された個々の所得金額を合計したのが⑫になります。この⑫からⅢの「所得から差し引かれる金額」を引くんですけど、これが「所得控除」。納税者の個々人の事情を加味してくれて、**経費じゃないのに所得から引けるんです**。一部、年末調整と被る内容となります。

所得控除の種類

　社会保険料控除、小規模企業共済等掛金控除、生命保険料控除、地震保険料控除、寡婦控除、ひとり親控除、勤労学生控除、障害者控除、配偶者控除、配偶者特別控除、扶養控除、基礎控除、雑損控除、医療費控除、寄附金控除

図にするとこんな感じです。事業の収入から経費を引いて所得が出ますけど、この所得に税率を掛けるのではなく、配偶者がいるとか、社会保険料を払ったとかいう所得控除を引いてから税率を掛けるんです。

事業収入		
事業所得		必要経費
課税所得金額	所得控除	
手残り	税金	

所得控除は事業の経費じゃないけれど、所得から引けるんですね。

ふるさと納税

年末調整にはない所得控除項目としては、雑損控除、ふるさと納税、医療費控除とかがあります。

「ふるさと納税」って、所得控除の中にないですよ？

本当の名称はふるさと納税ではなく寄附金控除ですね。2,000円を超えて寄附した場合、超えた部分が税金の前払いみたいに扱ってもらえます。前払いした税額の約3割の返礼品がもらえるのでお得ですよ。

税金の前払いをすると返礼品がもらえるんですね。よし、今度やってみよう。

ただ、いくらでも税金の前払いができるわけではなくて、上限金額を超えると自己負担が2,000円じゃすまなくなるので、いくらまでなら自己負担2,000円でいけるのかシミュレーションした方がいいですよ。

個人事業主でも退職金を準備「小規模企業共済」

小規模企業共済に加入すると、払った掛金の全額が所得控除となって、65歳に達したときか、廃業時に受け取れば退職所得として扱われて税負担も軽くなります（分割受取だと公的年金等の雑所得扱い）。これは年末調整でも受けられる「小規模企業共済等掛金控除」ですね。

老後資金のために貯金しておくくらいなら、小規模企業共済に加入した方がいいってヤツですよね（第5章参照）。

掛金は月額1,000円から最高70,000円。年間最高で84万円まで掛けられるので所得税率20％、住民税率10％の人なら約25万円も税負担が軽くなります。ただし、そのために60万円もキャッシュが余計に出ていってしまいますけど。

余剰資金でやらないとダメですね。

そうなんですが、これはなるべく早めに加入して、資金的にきついときは掛金を減額してでも解約せずに続けて欲しいです。退職所得の計算は加入期間が長ければ長いほど税制的に有利になるんですよ。

退職所得の計算方法
（収入金額－退職所得控除額）×1／2＝退職所得の金額

退職所得控除額の計算の表

勤続年数（＝A）	退職所得控除額
20年以下	40万円×A（80万円に満たない場合には、80万円）
20年超	800万円＋70万円×（A－20年）

退職金から引ける退職所得控除は勤続年数で変わるんですね。

ええ。小規模企業共済の場合、この年数は共済加入期間です。

だから早めに加入すべき！なんですね。長い方が退職所得控除を大きくできる。あれ？　法人にしたときってどうなっちゃうんですか？

条件を満たしていればですけど、引き継げますよ。美容院だと従業員が5名以下という制限があるので法人成りしたときにそれを満たせば大丈夫です。

事業で資金繰りが厳しくなったら一時貸付を受けることもできるので、総じてお得な制度ですよ。

貸付けを受けられるのはありがたいですね。

掛金は月額、といいましたけど、年払いもできるんです。今年はやたら利益でちゃうなあ、というときは、月払いしていたのを翌年1年分前払いすると、年間84万円以上掛金を払い込めます。

それはおいしいですね！

ただ、途中で解約するときは、**一時所得**として課税されます。今までの掛金は「収入を得るために支出した金額」になりませんのでご注意を。

一時所得の計算方法
総収入金額−収入を得るために支出した金額−特別控除額（最高50万円）
＝一時所得の金額

一時所得は特別控除額があるから、解約したときに受け取った金額が50万円以上だったら課税されるんですね。

さらに、他の所得と損益通算したあとにまだ一時所得の金額があったら、それを1/2した額が合計所得金額となるので、一時所得は税制的に優遇されてますね。

2 ｜ 合計所得金額と総所得金額等と課税総所得金額等

合計所得金額をマスターせよ！

合計所得金額って？

いろんな所得の今年の利益の合計です。事業の売上や不動産収入から経費を引いた事業所得や不動産所得、年収から給与所得控除を引いた給与所得、一時所得などの所得の合計だから合計所得金額。申告書だと第1表のⅡの一番最後⑫の金額です。

この合計所得金額から所得控除を引いた残りに税率を掛けて所得税額を算出します。

事業収入⑦		不動産収入⑨	
経費	事業所得①	不動産所得③	経費

合計所得金額⑫	
課税される所得金額㉚	所得控除Ⅲ

じゃあ、もしですよ？　その年の所得⑫の金額がそんなに出てなくて、小規模企業共済とかの所得控除が⑫よりも大きかったら納税０円ですよね。

合計所得金額⑫　200万円
所得控除Ⅲ　250万円

課税される所得金額……０円
所得税額……０円

そのとき、僕は奥さんの扶養に入れるんですか？

納税が０円でも扶養に入れるとは限らないんですよ。扶養控除や配偶者控除の対象となるには、所得控除を引く前の⑫の合計所得金額が48万円以下じゃないと。

⑫の金額が小さくないとダメなのか。

⑫が48万円以上あるなら、一応稼ぎあるじゃん、と。

扶養に入れるかを判定するときはⅢの納税者の個人的な事情を考慮してくれないんですね。

そうなんですよ。扶養に入れるかの判定は第1表のⅡの一番最後⑫の金額である合計所得金額。

損益通算と純損失の繰越控除

いろんな所得が出そろったところで、事業所得や不動産所得といったような、赤字だとその人の生存に関わる所得の赤字を他の黒字と相殺するのが損益通算。

損益通算したあとの所得を合算すると第1表の⑫の数字、**合計所得金額**になるんですよ。

事業所得が黒字で不動産所得が赤字だとして図を書いてみるとこんな感じです。

事業収入⑦		
事業所得①		必要経費

不動産収入⑨	
赤字	必要経費
不動産所得③

事業所得①		
合計所得金額⑫	不動産③	←損益通算

 ここの⑫が48万円超あると扶養に入れない、と。

そうです。ひとり親控除や寡婦控除を受ける際の親の所得制限はこの合計所得金額が500万円ですし、合計所得金額はちょいちょい判定に使いますよ。

⑫から過去3年の赤字（純損失の繰越控除）を引いたものが**総所得金額等**。そこから所得控除を引くと**課税総所得金額等**です。この3つの所得を知っておいてほしいです。

今期の赤字を今期の黒字から引くのが損益通算で、それをすると今期の利益である合計所得金額、そこから過去の赤字を引くと総所得金額等か。

こんな表で説明することが多いですが。

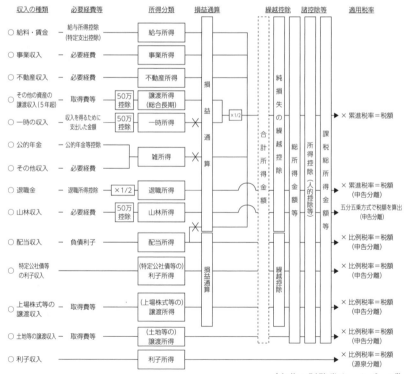

（出典：財務省ホームページ）

うわ、細かいなあ。

ザックリでいいんですよ。流れがわかればいいので。

医療費控除

医療費控除ってわかります？

昔、母親が病院の領収書集めてましたけど、あれかな？

たぶんそうですね。医療費の領収書の提出義務はなくなったんですよ。

もう集めなくていいんだ。

確定申告書に健康保険組合などが発行した医療費通知を添付すればよくなったのですが、医療費通知がない場合は医療費控除の明細書を作成して添付が必要ですし、医療費通知には保険適用外の治療は記載されていないから、領収書はやっぱり捨てないほうがいいですね。

医療費が10万円を超えると控除が受けられるんですよね。

10万円いかなくても医療費控除を受けられる場合があります。

そうなんですか？

医療費控除は総所得金額等が200万円未満の方は総所得金額等の5％の額を超えると受けられますので、総所得金額等が小さければ10万円に届かなくても医療費控除を受けられることはあるんです。ここの所得金額は「総所得金額等」なんですよ。

セルフメディケーション税制

医療費控除にはセルフメディケーション税制という特例がありまして、こちらも医療費が10万円いかなくても受けられますよ。

セルフメディケーション税制？

病院に行く時間がない人はドラッグストアの市販薬で凌いでいる方もいますが、そういう人にとって使える税制です。

それ、僕ですね。

セルフメディケーション税制を使うには健康診断や予防接種など、健康の保持増進および疾病の予防として一定の取組みを行っている必要があります。小林さん、健康診断受けました？

お店で受けさせられました。

それなら OK ですね。あとは予防接種を受けたりすると、セルフメディケーション税制を使うことができます。こんなマークのついた医薬品の購入代金が年間 12,000 円を超える場合、所得控除が受けられるんです。

セルフメディケーション
税　控除　対象

気にしたことないなあ……。

イブ、ナロンエース、ロキソニンとかテレビの CM で流れているような薬はほぼついてますよ。

ロキソニンとか買ったレシート捨てちゃった！

それはもったいない。セルフメディケーション税制じゃなくて、医療費控除を選択する場合の控除対象にもなるので、今度からとっておいてくださいね。

医療費控除の対象にもなるんですか？

ええ。医療費控除の対象となる支出は幅広いんです。妊娠がわかってからの定期健診や検査の費用、出産費用、不妊治療費もそうですし、柔道整復師、鍼灸師のような国家資格のある人の治療を受けた場合も医療費控除の対象ですよ。

立ち仕事だからひざと腰にくるんですよ。整骨院に行く時間もないからロキソニンでごまかしてるけど、ロキソニンは医療費控除もセルフメディケーション税制も対象で、国家資格のある人の治療を受ければ医療費控除の対象なのか。

セルフメディケーション税制は、先ほどのマークのついた医薬品を、12,000円を超えて購入した金額が所得控除対象の金額になるんですよ。上限は100,000円です。

12,000円を超えた額が控除額で、上限は100,000円ということは、最大で88,000円控除が受けられるのか。確実に12,000円は買ってたからもったいなかった。

医療費控除の上限は200万円です。医療費控除とセルフメディケーション税制、選択適用なのでどちらが有利か判定する必要があります。

① 医療費控除の対象となる支出－100,000円（所得が200万円未満の場合、所得×5％）　控除上限200万円
② セルフメディケーション税制対象医薬品を購入した金額－12,000円　控除上限88,000円

①が大きい……医療費控除
②が大きい……セルフメディケーション税制

医療費控除を受けられるなら治療を受けようかな。医療費控除とセルフメディケーション税制はちゃんと考えないとダメだな。総所得金額等が200万円未満だと総所得金額等の5％を超えると医療費控除が受けられる……。

国保を安くしたいなら総所得金額等を下げる必要がある

 総所得金額等ってなんだったっけ🌀

 総所得金額等は、今年の利益である合計所得金額から去年の赤字を引いたものなんです。事業所得や不動産所得は青色申告をしていると赤字が出たら翌年以降3年繰り越せたでしょう？　その赤字を合計所得金額から差し引いた額が総所得金額等。

 国民健康保険の所得割の計算も、総所得金額等がベースに計算されますね。前年に赤字がなければ合計所得金額と総所得金額等はイコール。

 独立した友達が、よく国保が高いって言いますね。

 社保もいい加減高いですけどね。サラリーマンは天引きなのであんまり痛みを感じないんでしょうね。

 そうかも。一度手に入ったものを出すのは抵抗があるけれど、もともと入ってきてないならあきらめがつくというか。国保、高いのはやだなあ。

 国保を下げるには、Ⅲ所得控除がいくら多くてもダメで、総所得金額等を下げる必要があるんです。前年度の赤字がないなら合計所得金額を下げる、つまり必要経費を増やす必要があります。

掛金が全額損金になる共済がありますよ。加入すれば総所得金額等が小さくなります。

経営セーフティ共済は事業の必要経費！

経営セーフティ共済といって、国がやっている制度があるんですけど。

 前もありましたね、国がやってる制度って。

前にお話ししたのは小規模企業共済。所得控除ですね。それではなくて、取引先が倒産したときのために備えて積立てをするという共済でして、掛金は最高で年間240万円まで積めて、**全額、事業所得の必要経費**となります。解約すると掛金は返ってくるんですよ。800万円まで積んだら掛け止めになります。

 すごいじゃないですか！　利益がいっぱい出そうなら、掛金を払えばその分利益が減るんですよね。

なので、芋づる式に国保も、税金も安くなります。

 経営セーフティ共済に積んだほうが節税できて、国保も安くなって小規模企業共済よりお得？

小規模企業共済は所得控除なので事業経費にならないから国保には影響しませんけど、受け取るときに退職金扱いなので税制の優遇があるからあちらもお得ですよ。

そうか、どちらも良さがあるんですね。

経営セーフティ共済は 40 か月以内に解約すると元本割れするから気を付けてくださいね。

小規模企業共済と同じですね、早めに加入しておけば解約時に元本割れしない。

そうですね。小規模企業共済と同じように法人成りしたときも引き継げますよ。

僕の場合、顧客は個人だから相手先の倒産ってあまり関係ないんだけど、それでも加入できるんですか？

ええ、加入できますよ。加入には継続して 1 年以上事業を行っている中小企業者であること、業種によって資本金や従業員数の制限があります（次ページの表参照）。気を付けていただきたいのは、解約のときは雑収入になってしまうので節税というより利益の繰延べなんです。

2 号店を出すときにたくさん経費が出るだろうから、その時解約しようかな。

経営セーフティ共済の加入資格

　次表の各業種において、「資本金の額または出資の総額」、「常時使用する従業員数」のいずれかに該当する会社または個人の事業者

業種	資本金の額または出資の総額	常時使用する従業員数
製造業、建設業、運輸業その他の業種	3 億円以下	300 人以下
卸売業	1 億円以下	100 人以下
サービス業	5,000 万円以下	100 人以下
小売業	5,000 万円以下	50 人以下
ゴム製品製造業（自動車または航空機用タイヤおよびチューブ製造業ならびに工業用ベルト製造業を除く。）	3 億円以下	900 人以下
ソフトウェア業または情報処理サービス業	3 億円以下	300 人以下
旅館業	5,000 万円以下	200 人以下

（出典：中小機構ホームページ）

でも経営セーフティ共済って、事業の経費になるから事業の業績が悪いって見られちゃいませんか？

金融機関の担当者によりますね。ベテランの方はわかってらっしゃるので、本当は掛金の分利益が多く出てるって理解してくれるんですけど、新人さんだとわからない方もいらっしゃるので、そこは注意が必要なところですね。しっかり説明しないと勘違いされちゃいます。

3 | 気になるのは税務調査

現金商売は調査に入られやすい

税務署の調査能力はすさまじいですよ。刑事さんみたいですから。小林さんもこれからは確定申告しますから、気になるのは税務調査ですね。

そうですよね、サラリーマンのときは全く関係なかったのに。

残念ながら、美容業は現金商売なので税務調査が多い業種なんです。

なんで現金商売だと税務調査が多いんですか？

売上が預金口座に入金されるならごまかしようがないですけど、現金だとそれを売上に入れなくても一見わからないでしょ？　だから、調査に来て売上抜いてないかチェックするんですよ。

売上を抜いたことが調査に来てわかるんですか？

今は予約システムがありますよね。たとえ手書きであっても予約表がありますし、顧客カルテがあります。そのあたりと突き合わせて、売上計上額が正しいかどうかを確認するんですよ。

 なるほど。

店舗ビジネスは実際にサービスを受けに来て、調査官の分の売上がちゃんと計上されているかを調査でチェックしたりもありますよ。

 わー、実際に来るんだ。

結構下見は来てますね。あとは同規模同業他社と経費比率が大きくズレてないかとか。だいたい規模が同じなら似たり寄ったりの数字になるので、かけ離れてるとおかしい、となります。

 業種平均って、どうやって調べるんですか？

税理士は公庫の資料とか、TKCのBAST（TKCが公表している業種別業績平均資料）とか見てますよ。一番正確なのは税務署が持っている資料でしょうけど見たくても見れない。

 確かに🐝

TKC経営指標 「BAST」

　TKC経営指標（BAST）は、TKC会員（TKCシステムユーザー）の関与先企業の経営成績と財政状態を分析したもの。TKC会員が毎月継続して実施した巡回監査と月次決算により作成された会計帳簿を基礎とし、そこから誘導された決算書（貸借対照表及び損益計算書）を収録データとしている。TKCシステムユーザーではなくても閲覧できるものとして要約版・速報版、TKC月次指標（月次BAST）がある。

あとは、出入りの業者さんからのバックマージンをちゃんと雑収入計上しているかも見られます。マージンだけ事業に使ってない預金通帳に入れてもらったりするのはダメ。通常あるものは計上されてないと絶対チェック入ります。

他の通帳でもバレちゃうんですね。

間違いは誰にでもありますので仕方ないと思いますが、売上を抜いたり、架空経費を計上したり、家事費を事業経費と偽るのは脱税。正しく処理するのが一番いいです。下手に所得が少なすぎて、2号店を出す時、金融機関にこんな業績じゃ貸せないと言われても困りますし。

調査に来るのはタレコミ？

ま、個人の実調率は低いからそんなに心配ないとは思いますけどね。

実調率？

個人の実調率は、税額のある申告のうち、調査を受けた割合です。法人は、対象法人数のうち調査を受けた割合。個人は1％くらいですが法人だと3％。法人成りしたあとはそれなりに覚悟しなきゃでしょうけど、個人のうちはさほど。

じゃあ心配ないんですね。

調査に入られるっていくつか理由があるんですけど、結構多いのがタレコミなんですよ。

 タレコミ？

羽振りがいいところを見せちゃったり、酒の席でちょっとズルしているのを自分からしゃべっちゃったりしてるのを見て、それに反感を持った人が税務署にタレこむんですよ。酒の席だとどうしても話を盛る人が多いから。

 やっかまれちゃうんですね。

SNSでこれだけ売り上げました！とか、儲かってます！的な記事をアップしていたり、テレビの取材で1日の売上いくら！とか取材されれば、それと申告書を照らし合わせて、あれ、なんか数字が違うな、じゃあ調査に行こうかなんて話にもなりますから。

 ひえー。

加算税と延滞税

目立たない、ズルしない、嘘つかないのが幸せになる近道ですよ。故意にズルした場合、追加の本税と重加算税、延滞税を納めることになります。

 ホンゼイ？

本当は 200 万円の所得税を納めるべきところをズルして 100 万円申告納付していたのがバレたら 100 万円追加で払う必要があります。それを本税と呼んでいます。

なるほど。

ズルした場合は本税の他に重加算税が取られます。申告額が過少だった場合の重加算税率は 35％で 35 万円也。

マジっすか！

さらに、申告期限から正しく申告、納税するまでの延滞税が令和 3 年だと年 8.8％。調査は 3 年後に来たりもするから……。

ズルした税額の半分以上持ってかれちゃうじゃないですか

そうなんですよ。だから、ズルはしちゃダメなんです。

絶対しません。でも、ズルするつもりはなくても間違っちゃった、ってこともあるじゃないですか。それでこれはつらいなあ。

単なる間違いであれば、こんなに持っていかれないですよ。その場合は重加算税じゃなくて過少申告加算税。しかも、「調査に行きたいんですけど」って税務署から連絡が来る前に自分で修正申告すれば過少申告加算税はナシで追加の本税と延滞税だけ。

そうなんだ、よかった。

この場合、延滞税は、法定納期限から1年分のみです。

え、そうなんですね。

税務調査の時期は税務署の事務都合によるもので、1年で来たり3年も経ってから来たりとマチマチ。なのに延滞税がばっちりかかるのは不公平なので、重加算税以外の場合は1年間で延滞税の計算が止まる特例があるんですよ。

じゃあ、丸々取られるのはズルをしたときだけなんですね。

4 | 税金は所得税だけじゃない

住民税・事業税

確定申告が終わってやれやれと思ってるところに来るのが住民税と事業税。住民税はほぼほぼ所得税と計算の仕方は同じですが、所得控除が所得税よりちょっと額が低いですね。

普段、天引きされてるのであんまり意識したことないです。

税率が一律10%で、結構負担に感じますよ。納税資金、とっておいてくださいね。あと、美容業は事業税もかかります。

「美容業は」ということは、かからない業種もある？

ええ。文筆業とかスポーツ選手とか、かからないんですよ。法定業種とされている業種にだけかかるんです。

◆事業税がかかる事業（地方税法第72条の2に定められている事業）

・物品販売業	・仲立業	・装蹄師業
・保険業	・問屋業	・弁護士業
・金銭貸付業	・両替業	・司法書士業
・物品貸付業	・公衆浴場業	・行政書士業
・不動産貸付業	・演劇興行業	・公証人業
・製造業	・遊技場業	・弁理士業
・電気供給業	・遊覧所業	・税理士業
・土石採取業	・商品取引業	・公認会計士業
・電気通信事業	・不動産売買業	・計理士業
・運送業	・広告業	・社会保険労務士業
・運送取扱業	・興信所業	・コンサルタント業
・船舶定係場業	・案内業	・設計監督者業
・倉庫業	・冠婚葬祭業	・不動産鑑定業
・駐車場業	・畜産業	・デザイン業
・請負業	・水産業	・諸芸師匠業
・印刷業	・薪炭製造業	・理容業
・出版業	・医業	・美容業
・写真業	・歯科医業	・クリーニング業
・席貸業	・薬剤師業	・歯科衛生士業
・旅館業	・あん摩、マッサージ又は指圧、はり、きゅう、柔道整復その他の医業に類する事業	・歯科技工士業
・料理店業		・測量士業
・飲食店業		・土地家屋調査士業
・周旋業		・海事代理士業
・代理業	・獣医業	・印刷製版業

（出典：国税庁「令和2年分所得税及び復興特別所得税の確定申告の手引き」）

えー、ずるいな。税率は高いんですか？

業種によって違いますが、美容業は5％ですね。事業所得の金額の5％ですが、青色申告特別控除の65万円を引く前の金額から290万円を引いた額に5％を掛けます。

事業税はある程度儲かっている人が納めるんですね。住民税と事業税の申告ってしなきゃですか？

住民税と事業税は確定申告書の第2表の下の方に記載欄があるので、確定申告をすれば申告の必要はないんですよ。

確定申告の期限は3月ですよね？

ええ、12月末が決算期で、翌年の3月15日が申告期限です。最近は新型コロナウイルス感染症のせいで延長になったりしてますけど。

とりあえず初年度は自分でやろうと思っているのですが……何がどれだけ経費になるのかもイマイチわからないし、自分でできるかな、不安だな。

わからないところがあったらいつでも聞いてください。税務署への提出前のチェックもしますよ。確定申告勉強会でもしましょうか。

助かります！　何から何までお世話になっちゃって……これからもよろしくお願いします。

第11章　小林さんのまとめメモ

- 青色申告の申請を必ず出す
- 小規模企業共済と経営セーフティ共済はともかく早く加入する！
- 脱税はしない

著者紹介

高山　弥生（たかやま　やよい）

　税理士。ベンチャーサポート相続税理士法人所属。1976年埼玉県出身。

　一般企業に就職後、税理士事務所に転職。顧客に資産家を多く持つ事務所であったため、所得税と法人税の違いを強く意識。「顧客にとって税目はない」をモットーに、専門用語をなるべく使わない、わかりやすいホンネトークが好評。

　自身が税理士事務所に入所したてのころに知識不足で苦しんだ経験から、にほんブログ村の税理士枠で常にランキング上位にある人気ブログ『3分でわかる！会計事務所スタッフ必読ブログ』を執筆している。

　著書に『税理士事務所に入って3年以内に読む本』『税理士事務所スタッフが社長と話せるようになる本』『税理士事務所スタッフは見た！　ある資産家の相続』（税務研究会出版局）などがある。

『3分でわかる！会計事務所スタッフ必読ブログ』
はこちらから▶

特別出演

司法書士・行政書士　醍醐　香（だいご　かおり）

司法書士・行政書士　醍醐事務所代表。商号登記・企業法務、不動産登記、相続手続き、成年後見、任意後見など業務は多岐にわたる。速くて正確な仕事ぶりに定評がある司法書士。

特定社会保険労務士　安中　繁（あんなか　しげる）

ドリームサポート社会保険労務士法人代表。約300社の顧問先企業のために労使紛争の未然防止、紛争鎮静後の労務管理整備、社内活性化のための人事制度構築支援、裁判外紛争解決手続代理業務にあたる。

Concerto

代々木上原にある、ビブグルマンにも掲載される人気イタリアン。ワイン好き、パスタ好きにはたまらないお店。
東京都渋谷区上原1－29－5　BIT代々木上原BIF

個人事業と法人　どっちがいいか考えてみた

令和3年9月30日　初版第1刷発行　　　　　　　　　　　（著者承認検印省略）
令和5年12月15日　初版第3刷発行

Ⓒ　著　者　　高　山　弥　生

発行所　　税 務 研 究 会 出 版 局

週刊「税 務 通 信」発行所
　　　「経 営 財 務」

代表者　　山　　根　　　毅

郵便番号100-0005
東京都千代田区丸の内1-8-2 鉄鋼ビルディング
https://www.zeiken.co.jp/

乱丁・落丁の場合は，お取替え致します。　　　　　　イラスト　夏乃　まつり
　　　　　　　　　　　　　　　　　　　　　印刷・製本　奥村印刷株式会社

ISBN 978-4-7931-2635-2